AF813097

Défendez votre épargne !

Georges BILLAND

Défendez votre épargne !

Notions financières élémentaires pour une gestion avisée de votre patrimoine

L'Harmattan

© L'HARMATTAN, 2012
5-7, rue de l'École-Polytechnique ; 75005 Paris

http://www.librairieharmattan.com
diffusion.harmattan@wanadoo.fr
harmattan1@wanadoo.fr

ISBN : 978-2-296-56010-9
EAN : 9782296560109

Introduction

S'adapter aux changements

Nous sommes clairement aujourd'hui dans une période charnière : après 30 années de baisse des taux longs, situation exceptionnelle pour la rémunération de l'épargne, de nouvelles interrogations sont apparues depuis 2009. Comment les gouvernements, banques centrales et autorités monétaires, parviendront-ils à contenir les déficits provoqués par l'explosion des dettes (devenues) publiques, dans un contexte de croissance anémique pour nombre de pays ? Les réponses apportées, rigueur budgétaire et création monétaire principalement, sont-elles les bonnes solutions ou ne font-elles que déplacer le problème une nouvelle fois ?

La situation en 2011 : les dettes des pays ont crevé tous les plafonds, la planche à billet, symbole des années d'avant guerre, a repris du service, l'inflation pointe son nez, enfin les pays émergents sont entrés dans une phase de maturité économique et financière qui les place en situation de compétiteurs à part entière. Au plan de l'investissement, le prix de l'immobilier donne le vertige, les actions confortent leur image de placement à haut risque, les obligations (re)découvrent la volatilité, source de fragilité pour les bons vieux contrats d'assurance vie.

Arrêtons-nous un instant sur cette fameuse **dette** : ci-après, le **graphe de son évolution en France depuis 1978** (Source : INSEE). A la fin du 2ème trimestre 2011, elle atteint 86,2% du PIB pour un montant de 1693 Mds€. Le montant du service de la dette soit 49 Mds (prévision 2012, source Agence France Trésor www.aft.gouv.fr) devient l'un des premiers postes du budget, avec celui de l'Éducation Nationale (61 Mds) et celui de la défense (39 Mds) !

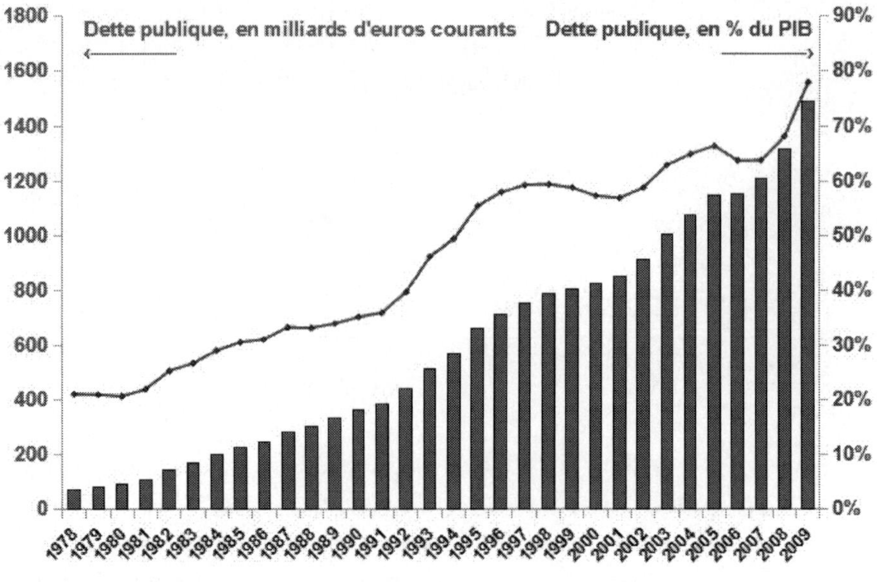

La gestion de cette dette ne serait pas un souci avec une croissance forte, génératrice de rentrées fiscales abondantes. Or nous en sommes loin ; c'est plutôt la récession qui se dessine à nouveau pour 2012 !

Voici **<u>l'évolution du taux de croissance en France depuis 1970</u>**

Source : OCDE

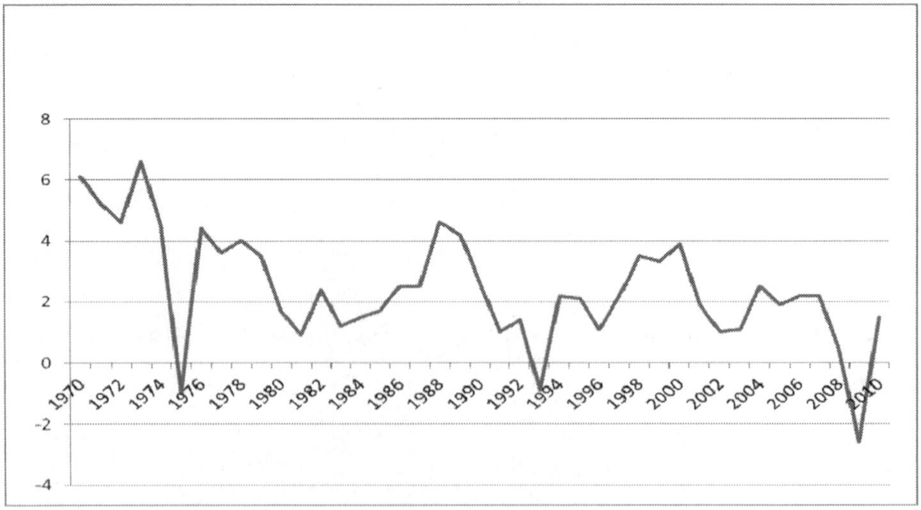

Ce ralentissement de la croissance s'accompagne mécaniquement d'une hausse du **taux de chômage** : voici celui **de la France depuis 1975** (source INSEE) :

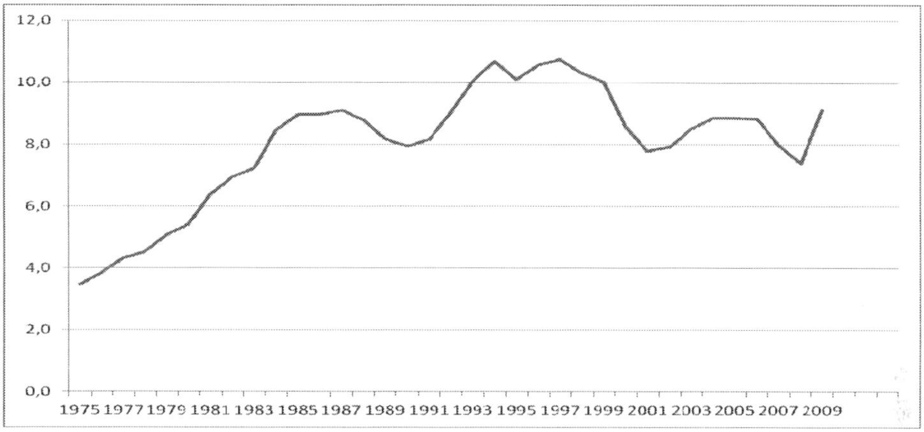

Comment gérer son épargne dans ce contexte où les incertitudes ne cessent de croître ?

Comment se faire sa propre opinion dans un environnement où les pressions commerciales, explicites ou insidieuses, mais aussi les enjeux politiques, trahissent la réalité soit par optimisme béat –tout va bien Madame la Marquise, ne changeons rien - soit pour vous faire miroiter des solutions miracles, lesquelles bien entendu, n'existent pas ?

Il est établi que la performance est toujours liée au risque pris. Comprendre comment fonctionnent les marchés monétaire, obligataire, actions ou immobilier, c'est déjà mieux appréhender les potentiels de pertes et de gain.

Dès que l'on a une relation à l'argent, que ce soit par des emprunts ou la possession d'un capital aussi minime soit-il, on opère des choix volontairement ou involontairement : si mon emprunt est à taux fixe, vive l'inflation ; si j'ai choisi de planquer mes billets sous mon matelas, vive la déflation...

Ainsi, toute décision de placement conduit à opter pour l'un des marchés monétaire, obligataire, actions ou immobilier, ces quatre marchés drainant la quasi-totalité de l'épargne des ménages. A noter que le placement en assurance-vie, placement préféré des français (mais aussi de ceux qui les vendent) est principalement lié au marché obligataire pour la part investie sur le fonds général (ou fonds en euros). Ce sujet est abordé fiche 13.

Bien sûr, il existe d'autres marchés, comme le foncier, les matières premières, les œuvres d'art,.... Cependant, leurs spécificités les positionnent plutôt sur le terrain professionnel (matières premières, foncier) ou de passion-compétence personnelle (œuvres d'art). Il est d'ailleurs déconseillé pour un particulier étranger à ces milieux de s'y aventurer, sinon il pourrait bien être le Monsieur Jourdain de l'affaire.

Petite parenthèse sur l'or :

Le marché de l'or a un statut à part : c'est la valeur refuge par excellence. Le cours de cette matière première peut se maintenir pendant de nombreuses années dans une douce somnolence au rythme des mariages indiens et des déstockages ou restockages des banques nationales, puis se réveiller brutalement au son du canon (voir graphique page suivante). L'engouement pour cet actif connaît alors des poussées de fièvre où les sommets visés sont à la mesure des cataclysmes attendus. Comme sur le marché des actions (26 : l'effet moutonnier), les mouvements acheteurs s'amplifient avec la hausse et engendrent autant de déception lorsque la fièvre commence à retomber. Cet investissement stérile (il ne produit aucun revenu) correspond à une stratégie de diversification à mettre en place progressivement. L'or physique reste la dernière monnaie d'échange quand les monnaies nationales sont devenues des monnaies de singe.... Souhaitons ne pas connaître cette extrémité !

Cours de l'once d'or fin en $ depuis 1970 (source CNUCED) :

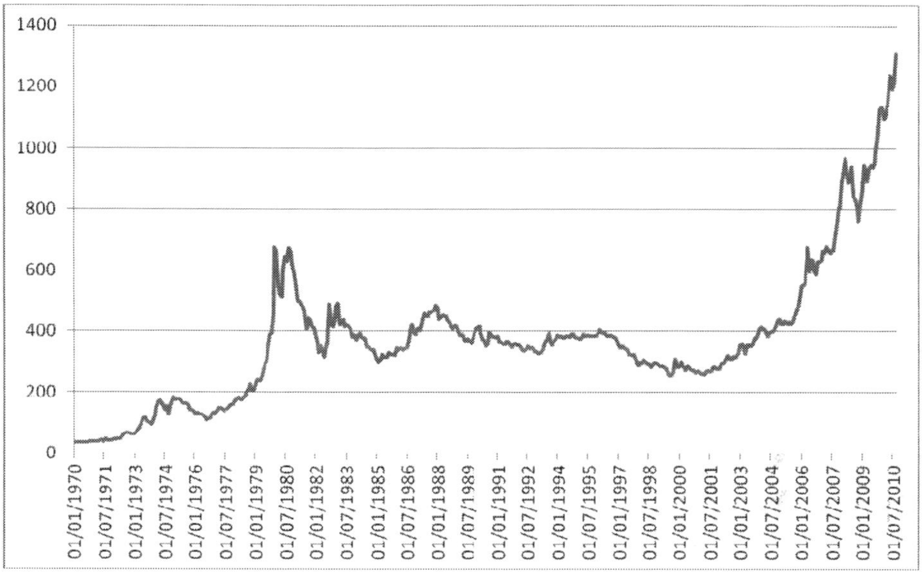

Les principaux marchés que nous allons développer :

Les marchés monétaire et obligataire sont au centre de la gestion de votre patrimoine : lorsque vous vous rendez à la banque pour placer votre argent, celle-ci va fixer la rémunération de vos dépôts selon les conditions qu'elle-même obtiendra sur le marché monétaire. Lorsque vous empruntez pour financer un achat immobilier, l'option que vous choisissez, taux fixe ou taux variable, vous lie tantôt au marché obligataire, tantôt au marché monétaire. De la même manière, lorsque vous souscrivez un contrat d'assurance vie auprès d'une compagnie et que vous choisissez le support en euro (ou fonds général), cette compagnie va gérer son engagement envers vous, par la souscription, entre autres, d'emprunts d'Etat sur le marché obligataire.

Le marché des actions se caractérise par cette impression d'un univers déconnecté de toute réalité quotidienne : pour ne prendre que deux exemples, c'est le cours d'entreprises qui bondit le jour d'annonces de licenciement, ce qui est amoral diront certains, c'est aussi des opérateurs qui achètent et vendent des valeurs dans la journée, alors que ces mêmes valeurs étaient restées 40 ans dans le patrimoine de nos grands-parents !

Quant au marché immobilier, le mieux connu et le plus rassurant pour les particuliers, il convient de ne pas perdre de vue que, si cet investissement est source de satisfaction lorsque la conjoncture s'y prête, il peut être aussi source de désastres : la fameuse crise des subprimes (3), dont nous payons encore les pots cassés, a ruiné des millions de ménages américains au travers de l'acquisition de leur résidence principale.

Ce guide ne vous donnera malheureusement pas la formule universelle. Par contre, il se propose de remettre en perspective les différents supports de placement et d'investissement, de les replacer dans leurs contextes d'origine trop souvent oubliés au gré d'habillages marketing plus ou moins trompeurs.

Si ce document vous aide à mieux comprendre les rouages, chausse-trapes et opportunités de notre environnement financier, à être plus à l'aise dans la lecture de documents financiers ou lors d'entretiens avec des professionnels du placement, alors votre épargne sera mieux défendue et cet exercice de synthèse aura atteint son objectif pédagogique.

NB : les chiffres entre parenthèses renvoient vers les fiches correspondantes.

LE MARCHE MONETAIRE
ET LES PLACEMENTS A COURT TERME

1/ Définition du marché monétaire : au cœur de la stratégie économique des pays

Les acteurs :

Le marché monétaire se compose de deux secteurs :

- L'un est réservé aux professionnels de la banque : ce compartiment est désigné sous le nom de marché interbancaire. Les acteurs principaux sont :

    - Les Banques Centrales : la Banque Centrale Européenne (BCE), la Banque Fédérale Américaine pour les Etats Unis (FED)...
    - les banques nationales telles que la Banque de France,
    - mais aussi les banques commerciales, compagnies d'assurance....

- L'autre est ouvert à l'ensemble des agents économiques : ce secteur est appelé marché des titres de créances négociables. En plus des acteurs financiers, on y trouve principalement les grandes entreprises.

  NB : nous constatons que les Etats ne sont pas partie prenante sur le marché monétaire. Parmi les solutions évoquées face à la crise de la dette, l'accès direct des Etats à un financement par les Banques Centrales éviterait les effets nocifs de la spéculation sur les dettes publiques. Ce changement provoquerait une profonde révolution du système financier !

Ce qu'ils y font :

- Ceux qui sont excédentaires en trésorerie placent leurs avoirs auprès de ceux qui sont emprunteurs. Ces opérations portent sur des durées courtes, de un jour à 24 mois.

- Les conditions de base de ces financements à court terme sont fixées mensuellement par les Banques Centrales. Ensuite, chaque acteur va fixer ses propres conditions selon la qualité de signature de l'emprunteur (son niveau de risque), ou à des fins commerciales.

Le marché interbancaire a été l'un des éléments-clés des conséquences de la crise des subprimes (fiche 3) :

Fin 2008, les banques avaient des difficultés à évaluer les montants de leurs dettes « pourries » au sein de leur bilan : elles ont engendré de la méfiance. C'est pourquoi elles ont rencontré des difficultés à se refinancer sur le marché monétaire, c'est-à-dire à obtenir des ressources en contrepartie des crédits accordés. Cette situation entraîne mécaniquement un ralentissement des financements à l'économie, et provoque rapidement une récession si les pouvoirs publics ne réagissent pas. C'est pourquoi les gouvernements ont dû temporairement financer les banques en 2009.

C'est le 15 septembre 2008 que la banque américaine Lehman Brothers a fait faillite : cette banque d'investissement multinationale proposait des services financiers diversifiés. Elle fit faillite suite à la crise financière mondiale, mais aussi à cause d'un rapport de la justice américaine qui révélait que, depuis 2007, la banque masquait son endettement. Le fait que le gouvernement américain ait « lâché » cette banque au cœur de la tourmente a été facteur d'inquiétudes supplémentaires dans le public : à qui le tour après Lehman Brothers ?

Fin 2011 : après une courte accalmie en 2010, qui a permis de constater l'extraordinaire capacité de rebond du secteur bancaire, les banques concentrent à nouveau les inquiétudes, celles-ci étant en première ligne en cas de faillites d'Etats.

Cette situation de dégradation financière des Etats risque d'engendrer un effet procyclique, propre au système bancaire, le « credit crunch » : plus l'économie va mal, plus les banques ont besoin de fonds propres pour couvrir leurs actifs, et moins elles sont prêteuses.... ce qui accentue le ralentissement de l'économie, ...

A noter que ces périodes de tensions sur le marché interbancaire peuvent se révéler bénéfiques à l'épargnant, les banques commerciales préférant drainer l'épargne de leurs clients plutôt que de s'adresser à ce marché. Pour cela, elles proposent des conditions attractives de rémunérations aux dépôts des particuliers et des entreprises, sous forme de comptes à terme ou livrets d'épargne à des taux promotionnels.

En matière d'emprunt, particuliers et professionnels sont sensibles aux variations des taux monétaires lorsque leurs prêts à taux variable sont indexés sur l'EONIA ou l'EURIBOR :

- L'**EONIA** (Euro OverNight Index Average) est le taux de rémunération des dépôts interbancaires du jour.

- L'**EURIBOR** (Euro InterBank Offered Rate) est le taux interbancaire offert entre les banques de meilleures signatures, dans la zone Euro.

Nous reviendrons sur les prêts à taux variable dans la fiche consacrée aux emprunts (31).

2/ Le rôle déterminant des Banques Centrales : l'arme financière au service de l'économie

Par l'intermédiaire du marché monétaire, les Banques Centrales pilotent l'économie sous l'angle financier : chaque mois, chaque Banque Centrale tient une réunion portant sur l'analyse de la conjoncture, le taux de croissance, l'inflation, et les principaux indicateurs de sa zone géographique. A l'issue de cette réunion, le communiqué final du gouverneur de la Banque Centrale tient lieu de baromètre officiel de la santé de l'économie, très attendu par les milieux financiers. Ce communiqué est suivi de décisions concernant l'évolution des taux directeurs :

- En baissant les taux d'intérêt, les Banques Centrales permettent aux entreprises de bénéficier de financements à moindre coût ce qui allège d'autant leurs frais financiers. Il s'agit d'une politique dite accommodante, de soutien à la croissance.

- En relevant les taux d'intérêt, les Banques Centrales cherchent principalement à réduire les tensions inflationnistes, signes de surchauffe. L'augmentation des taux de financement réduit mécaniquement les capacités d'investissement des entreprises, et conduit à un ralentissement de l'activité. Il s'agit alors d'une politique restrictive.

A noter que la BCE (Banque Centrale Européenne) et la FED (Banque Centrale Américaine) ont des missions légèrement différentes : la BCE a pour mission principale de contenir l'inflation à un niveau voisin de 2%, considéré comme optimum. La FED considère plutôt la croissance comme premier objectif, ceci afin de maximiser l'emploi.

La situation actuelle est totalement inédite pour les gouverneurs des Banques Centrales. Les taux directeurs sont au plus bas alors que la croissance ne redémarre pas.

C'est pourquoi, les Banques Centrales ne pouvant plus agir sur les taux (cf graphique ci-dessous), leur ultime recours reste la création pure et simple de monnaie ou « planche à billets » ou, pour les pays anglo saxons, le

« quantitative easing » (QE). Cette technique par laquelle la Banque Centrale souscrit aux émissions d'emprunts des gouvernements sans bénéficier en contrepartie de recettes ou dépôts équivalents aboutit nécessairement à un accroissement de la masse monétaire, privilège royal d'antan qui permettait de financer les guerres. Cette solution ne peut être que ponctuelle, sur de courtes périodes. Dans le cas contraire, cette pratique provoque une perte de valeur de la monnaie, hausse des prix des actifs, pression sociale pour l'augmentation des salaires, inflation....

3/ Retour sur la crise démarrée en 2007 ou comment les solutions apportées à une crise génèrent les ingrédients de la suivante

Taux directeurs du marché monétaire, dans la zone Euro, de 1999 à 2011 (source : euribor-rates.eu)

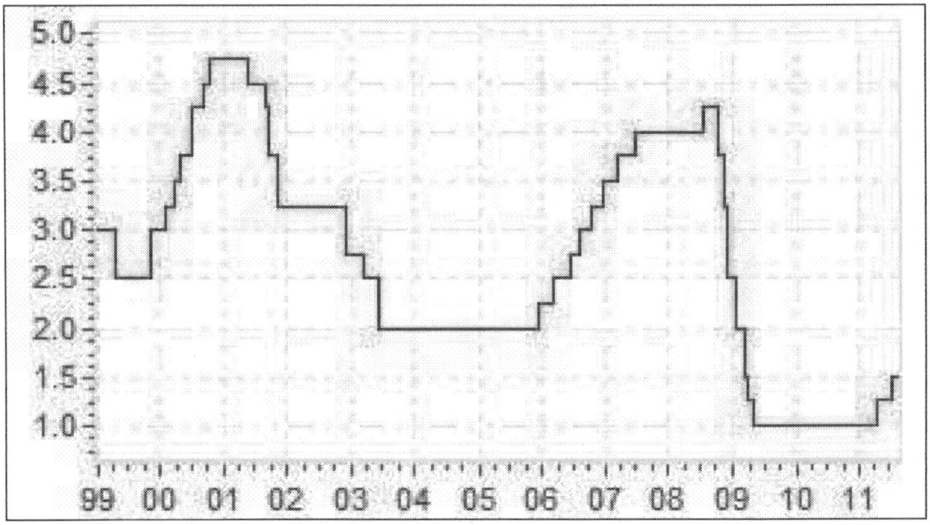

De 1999 à 2001 : une forte amélioration de la croissance, avec, en France, un taux qui rejoignait les 4% en 2000 (voir graphique en introduction) a permis à la BCE de relever progressivement ses taux directeurs de 2,5 à 4,75%.

Ces années ont vu se développer une bulle spéculative autour des nouvelles technologies de l'information et de la communication. Souvenons-nous du vent de folie qui a accompagné l'ouverture du capital en bourse de jeunes sociétés informatiques où la moindre idée se vendait une fortune, ainsi que du surendettement où se sont engouffrées des sociétés plus anciennes afin d'être en première ligne d'un nouveau monde basé sur l'économie virtuelle. C'est l'époque où le CAC 40 est passé en 4 ans (1996 – 2000) de 2000 à près de 7000 points, niveau qui laisse encore rêveur douze ans plus tard !

Le retour à la réalité d'un monde qui n'était pas encore prêt à l'économie virtuelle provoqua une crise boursière sans précédent. La chute du CAC 40 fut de 22% en 2001 puis de 34% en 2002 : il repassait alors sous les 3000 points. Toutes les sociétés du secteur Technologie-Média-Télécommunication (TMT aussi appelées TNT !) subissaient des pertes énormes, directement ou par le jeu de leurs participations. A elles seules, les actions du secteur « nouvelles technologies » voyaient fondre 90% de leur valeur. Dans ce contexte, les actifs se réduisaient comme peau de chagrin, alors que les dettes elles, étaient encore bien là. Tout cela provoqua un fort ralentissement de la croissance (elle repassait sous les 2% en France) ce qui obligea les Banques Centrales à adopter une politique accommodante et à ramener leur taux vers 2% pour la BCE et vers 1% pour la FED.

Pendant ce temps là, le prix de l'immobilier continuait de progresser régulièrement.

Une crise chasse l'autre : le décor était planté pour l'avènement d'excès puis défauts de paiements autour de ces fameux crédits hypothécaires américains ou subprimes.

2003 – 2007 : les ingrédients d'une crise en devenir :

- des banques en recherche de financements à des taux juteux,
- des agents immobiliers qui garantissent des plus values futures à coup sûr,
- de très nombreux ménages américains, de conditions modestes, qui ne rêvent que d'une chose, devenir propriétaires,
- des taux bas qui permettent aux trois acteurs précédents de trouver un terrain d'entente.

C'est ainsi que des millions de ménages empruntaient sur 25 ou 30 ans, à taux variable, en étant certains de pouvoir revendre 5 ou 10 ans plus tard avec plus value, selon les dires du vendeur, et enclencher ainsi un enrichissement idéal.

Mais alors qu'est-ce qui a grippé cette belle machine, cantonnée aux USA, où tout le monde y trouvait son compte ?

C'est oublier un peu vite l'interdépendance des économies ; ici les nuages sont venus des matières premières, soumises à la pression consumériste des pays émergents. Après être resté très longtemps aux environs de 20$ le baril, le prix du pétrole s'est mis à décoller, pour atteindre 40$ en 2005 (+ 100%), puis 60 en 2006, et dépasser les 120$ en 2007 ! Dans le même temps, toutes les matières premières suivaient le même mouvement, dans des proportions différentes selon qu'il s'agissait de ressources minières épuisables (comme le pétrole) ou recyclables (les métaux). Bien sûr, la spéculation amplifiait ces mouvements haussiers.

Evolution du prix du baril de pétrole en $ (source CNUCED) :

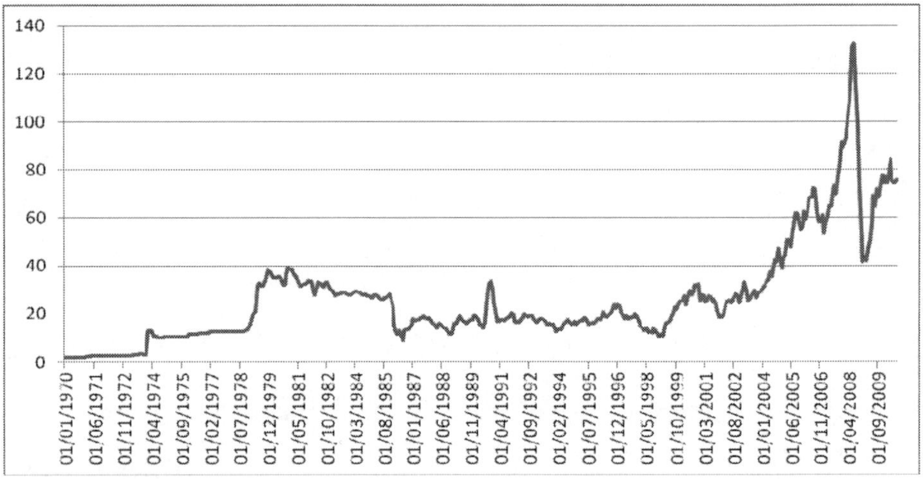

Qui dit hausse des matières premières, dit hausse des coûts de production et crainte à terme d'un démarrage de l'inflation. Or, l'inflation est un phénomène redouté par les gouvernants dans la mesure où la naissance d'une spirale inflationniste –hausse des coûts de production - hausse des prix - revendication salariale - hausse des salaires - a tendance à s'autoalimenter et devient rapidement incontrôlable.

C'est par crainte de ce phénomène, et dans un contexte de croissance soutenue (elle dépassait les 5% aux Etats Unis) que la FED a progressivement remonté ses taux directeurs à partir de 2005.

Cette hausse a eu un effet induit non anticipé, à savoir le renchérissement des dettes de nos modestes propriétaires américains dont les revenus ne permettaient pas d'absorber ce surcoût. C'est ainsi que progressivement ils mirent en vente leur logement, provoquant un effondrement des prix et entraînant une population de plus en plus nombreuse dans cet effet boule de neige. Il s'avéra alors que les banques, aveuglées par les rendements alléchants et par la « titrisation » des dettes (portefeuilles de titres de dettes où la nature de chaque dette n'est plus visible) n'étaient pas capables d'évaluer l'impact de ces créances pourries. C'est pourquoi la gangrène s'est propagée dans tout le système bancaire, plus par méfiance (nous avons vu que les banques se prêtent entre elles sur le marché interbancaire) que par risque avéré. Les gouvernements n'avaient alors pas d'autres solutions que de secourir les banques, sans lesquelles l'activité économique est stoppée et de mettre en place de vastes plans de relance....... par accroissement de leurs dettes !

Après la crise des subprimes… la crise de la dette européenne :

Ce nouvel endettement a révélé brutalement les excès commis par les pays européens : cette décennie, 2000 – 2010, a été celle de l'avènement de l'euro, monnaie forte qui est venue se substituer aux monnaies nationales. Au temps des monnaies nationales, les prêteurs étrangers couraient le risque d'une dévaluation de la monnaie : cette arme monétaire, utilisée 17 fois par la France au cours du XXème siècle, permettait de relancer les exportations et d'améliorer ainsi la compétitivité économique. La contrepartie à une dévaluation était le risque inflationniste dans la mesure où le prix des importations, en particulier des matières premières, augmentait à due proportion du taux de dévaluation.

Avec l'Euro, les créanciers des pays de cette zone ont vu s'ouvrir de nouveaux horizons : une monnaie forte écartait désormais le risque de dévaluation, et les exigences européennes en matière de performances économiques (les fameux critères de Maastricht encadrant l'endettement, le déficit et l'inflation) étaient plutôt rassurantes !

D'autre part, les pays de la zone Euro, bénéficiaires d'un « crédit de confiance » renforcé, se sont engouffrés dans des financements indispensables à la relance d'une croissance affaiblie par la concurrence accrue des pays émergents.

Voila les ingrédients de la crise actuelle, où l'endettement des pays asphyxie aujourd'hui littéralement les budgets nationaux. De surcroît, les gains de compétitivité ne peuvent plus s'envisager, comme par le passé, à coups de dépenses publiques, ni au travers d'une dévaluation de la monnaie, en tout cas dans sa configuration actuelle….

4/ Garanties et risques des placements monétaires

Le placement monétaire, qu'il s'agisse de livrets ou de compte à terme (5) est un prêt que vous accordez à la banque où vous avez choisi d'être client et de déposer vos avoirs : la banque vous doit cette somme. Le compte de chèques, ou compte courant, entre dans la même logique ; vos avoirs, au « crédit » de votre compte, sont une reconnaissance de dettes de la Banque envers vous.

La première garantie dont vous disposez est donc celle de « la signature » de la banque à qui vous avez confié votre épargne. A noter que, depuis 2008, les pouvoirs publics européens ont sensiblement augmenté leurs exigences en matière de ratio de solvabilité des banques. Ce sont les fameux accords de Bâle : ils prévoient le relèvement progressif des fonds propres des banques afin de réduire le risque de défaillance.

En dernier recours, si l'établissement auquel vous avez confié vos dépôts ne peut plus faire face à ses engagements, vous serez alors indemnisé par le Fonds de Garantie des Dépôts. Cette garantie publique est, depuis un arrêté du 29 septembre 2010, de 100 000€ par client et par banque.

Vous en trouverez tous les détails sur www.garantiedesdepots.fr.

Il existe également la possibilité de souscrire à des placements monétaires via les SICAV dite « de trésorerie ». Le gérant de la SICAV procède à des placements auprès d'un nombre important d'institutionnels, le plus souvent des banques, ou des grandes entreprises. Vous connaissez vos débiteurs en consultant la composition des actifs de la SICAV, disponible auprès de votre intermédiaire financier.

5/ Panorama synthétique des placements à court terme
(conditions en vigueur à Novembre 2011)

	Taux annuel	Impôt	Plafond de dépôt	Calcul des intérêts	Avis
Livret A et livret Bleu	2,25%	Non	15 300€ par personne	Par quinzaine, aux 15 et 31 du mois	Pas mieux à court terme ou défensif
Livret de Développ Durable	2,25%	Non	6 000€ par personne	Par quinzaine, aux 15 et 31 du mois	Pas mieux à court terme ou défensif
Livret Epargne Populaire et Livret Jeune	LEP = 2,50% si non (ou peu) imposable LJ= 3,25% (moins de 25 ans)	Non	LEP : 7700€ LJ : 1600€	Par quinzaine, aux 15 et 31 du mois	A privilégier si conditions remplies
Livret B ou bancaire	Selon la banque ; des taux promotions peuvent dépasser les 5%	PS* + PLF** Ou PS + IR***	Pas de plafond	Par quinzaine, aux 15 et 31 du mois	
SICAV et FCP monétaire	Variable 1 à 1,5% en 2011	Oui	Pas de montant maxi	Valeur liquidative chaque jour	Surveiller les frais de gestion
Compte Epargne Logement	1,25% + prime si emprunt (taux d'emprunt fixé à 2,75%)	PS*	15 300€	Par quinzaine, aux 15 et 31 du mois	Si projet immob y compris chez les enfants
Plan Epargne Logement	2,5% + prime de 1% si emprunt. prime maxi de 1000€ ou 1525€ (bâtiment basse conso)	PS*	61 200€ Durée : mini 4 ans maxi 12 ans	Par quinzaine, aux 15 et 31 du mois	Pas tout à fait du court terme, mais taux épargne valable + taux de prêt assuré.

Compte à terme	Variable selon la banque ; taux progressifs selon la durée	PS* + PLF** Ou PS + IR***	Pas de montant maxi	Selon le nombre de jours de placement.	Voir conditions des banques

*PS= Prélèvements Sociaux : le taux est de 13,5% depuis le 1er octobre 2011
**PLF= Prélèvement Libératoire Forfaitaire de 24% (taux au 1er janvier 2012)
*** IR= Impôt sur le Revenu : le taux d'imposition est fonction de l'ensemble des revenus ; il varie de 0 à 41%

Voir avec votre conseiller financier les taux de prélèvement en vigueur ainsi que le choix de l'option entre PLF ou IR.

Pour les nostalgiques : évolution du taux du livret A depuis 1970 (il est resté près de 10 ans, 1986 - 1996 à 4,5%):

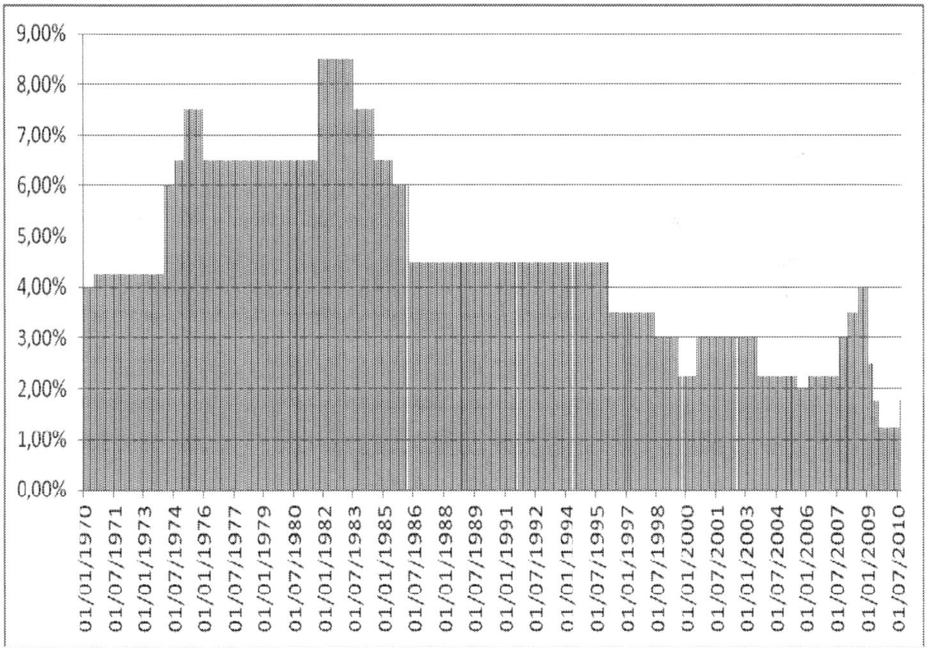

6/ Stratégies de placement sur le marché monétaire

La rémunération des placements sur le marché monétaire est liée à la politique des Banques Centrales, sauf pour le livret A dont l'indexation prend en compte l'inflation.

La caractéristique essentielle du placement monétaire est sa liquidité, c'est-à-dire sa disponibilité du jour au lendemain.

Si les Banques Centrales ont à lutter contre des pressions inflationnistes vigoureuses, elles pourraient relever leurs taux directeurs, mouvement bénéfique aux détenteurs de placements monétaires.

Enfin, compte tenu des incertitudes qui règnent sur les autres marchés, celui-ci permet de se mettre en veille : les périodes de baisses sur les actions ou sur l'immobilier constituent des opportunités à saisir, dans la mesure où l'on dispose de munitions suffisantes et disponibles.

A noter également que le marché monétaire est accessible dans toutes les devises : ceux qui voudraient jouer l'affaiblissement de l'euro ont la possibilité d'ouvrir des comptes de dépôt libellés en devises et ainsi spéculer sur les monnaies. Reste à trouver la monnaie « forte » !

LE MARCHE OBLIGATAIRE

7/ Définition du marché obligataire : au cœur de la vie financière

Un peu d'histoire pour illustrer ce qu'est une obligation :

« conservez soigneusement cette Grosse »

On connaît les évolutions qui ont eu lieu dans les sciences, le transport, les télécommunications.... On est souvent moins conscient des changements profonds qui ont marqué l'industrie bancaire au cours des dernières décennies.

Il suffit de tomber au hasard d'une brocante sur une « obligation 2000 francs » datée du 28 mars 1931 rédigée et signée à l'étude de Maître A. BIGER, notaire à BANNALEC (Finistère), pour mesurer l'importance de ces changements : cette obligation est en fait un prêt de 2000 francs, d'une durée de 3 ans, au taux de 6%, entre Monsieur Jean Marie B, l'emprunteur, scieur de long et cultivateur, né à Bannalec le 8 novembre 1884 et Monsieur Jérôme I, le prêteur, forgeron et demeurant à Rosporden.

La somme de 2000f est délivrée en « bonnes espèces ayant cours ». La garantie du remboursement est constituée par l'hypothèque d' « une maison d'habitation, couverte en chaume, une crèche et un champ terre labourable d'une contenance d'un hectare environ... ». La conséquence d'un non-remboursement est draconienne : « le Président de la République mande et ordonne à tous huissiers sur ce requis de mettre les présentes à exécution ..... aux Procureurs de la République d'y tenir la main à tous commandants de la Force Publique de prêter mainforte lorsqu'ils en seront légalement requis. »

Une dernière précision : la « grosse » est « le titre qui permet à son porteur d'exercer toutes poursuites sans le secours d'aucune décision judiciaire ». Voilà qui mettait le créancier dans une situation quasi de droit de vie ou de mort sur l'emprunteur !

On comprend pourquoi ce prêt s'appelait une « obligation ».

Les caractéristiques des obligations n'ont pas changé, elles sont constituées par :

- Le taux, fixe ou variable,
- La durée, de 2 à 30 ans voire plus,
- La signature ou notation financière : c'est la qualité de l'emprunteur (ou émetteur) et le risque qu'il représente de faire face ou non à ses échéances.

Par contre, les acteurs sur le marché obligataire sont aujourd'hui principalement les Etats, les institutions financières et les grandes entreprises.

De la même manière que le marché monétaire, le marché obligataire est un marché de dettes où des agents économiques excédentaires en trésorerie (Etats, banques, compagnies d'assurance, caisse de retraite, entreprises, ...) souscrivent aux émissions obligataires proposées par d'autres Etats, le secteur public ou le secteur privé (banques, grandes entreprises,...).

Les obligations émises ou garanties par l'Etat sont dites de première catégorie dans la mesure où elles sont (étaient !) les plus sûres.

Jusque dans les années 70, les particuliers souscrivaient directement aux émissions obligataires. D'ailleurs une obligation était matérialisée par une grande feuille soigneusement décorée, qui comprenait :

- le corps du titre où figuraient les caractéristiques de l'obligation (émetteur, prix à l'émission, taux, durée),
- La planche des coupons, ensemble de petites cases à découper, chacune indiquant la date et le montant à percevoir. Le paiement du coupon était alors assuré aux guichets des banques.

Si, pendant des décennies, les rentiers ont pu jouir tranquillement de leurs rentes, certaines périodes ont laissé des souvenirs douloureux à des familles, à la suite de la défaillance de l'emprunteur (ex : la banque Pallas Stern qui a fait faillite en juin 1995), de l'effondrement de la monnaie ou des évolutions politiques (emprunts russes).

Aujourd'hui, les particuliers sont assez rarement porteurs d'obligations « en direct ». On trouve dans les portefeuilles de titres quelques emprunts EDF, du Crédit Agricole, ... mais cela constitue une faible proportion du patrimoine financier des épargnants.

La détention d'obligations par les particuliers est depuis plus de 20 ans, largement canalisée par les fonds en euros des compagnies d'assurance. Cette détention est indirecte, les particuliers n'étant pas propriétaires des titres. La performance de la gestion financière assurée par les compagnies d'assurance est fortement dépendante du marché des obligations.

A côté des obligations à taux fixe (le taux est annoncé au départ et ne bouge plus pendant toute la durée de l'emprunt), les plus répandues, il existe également :

- Les obligations à taux variables dont la rémunération suit un indice monétaire ou obligataire. Ces valeurs sont particulièrement prisées en cas de hausse des taux.

- Les obligations convertibles en actions : l'émetteur propose au souscripteur de transformer, à une date prévue initialement, ses obligations en actions de la même société. Le porteur d'obligations convertibles a ainsi la faculté de passer du statut de créancier à celui d'actionnaire (15). Cette faculté de conversion se traduit par un rendement obligataire inférieur au marché. Malgré cette pénalité sur la rémunération, les obligations convertibles présentent l'avantage de la sécurité du support obligataire tout en offrant le potentiel du marché action. A (re)découvrir....

- Les obligations indexées : l'indexation peut porter sur des matières premières comme l'or, ou sur des indices comme l'inflation. L'emprunt Giscard des années 70, indexé sur l'or, a eu un coût prohibitif pour les finances publiques, mais fut une excellente opération pour l'épargnant. Aujourd'hui, se développent des émissions indexées sur l'inflation, qui constituent une réponse judicieuse aux risques de cette nature souvent évoqués.

8/ La cotation d'une obligation : un mécanisme à connaître absolument

La vie d'une obligation comporte trois phases :

- Sa création ou émission sur le marché primaire : le titre est proposé aux souscripteurs après définition de ses caractéristiques ;

  Exemple : OAT (Obligation Assimilable du Trésor ou emprunt d'Etat) émise le 25 Octobre 2000 pour une durée de 16 ans (échéance le 25 Octobre 2016), au nominal de 1€ (valeur d'une obligation, le nominal est plus souvent de x 100€ ou x 1000€) au taux de 5%. Son code ISIN (n° d'immatriculation) est FR0000187361.

- Sa cotation ou valeur d'échange sur le marché secondaire appelé aussi marché d'occasion : la valeur du titre va évoluer tout au long de sa vie selon 2 facteurs principaux :

  * l'évolution des taux d'intérêt,

  * la santé de l'émetteur.

- Son terme : si tout va bien, ce sera l'échéance prévue initialement et le capital emprunté sera remboursé ; si l'émetteur dépose le bilan avant l'échéance, le terme sera alors anticipé et le capital ne sera remboursé que si les créanciers privilégiés (salariés, organismes sociaux, Etat) laissent un peu d'argent dans les caisses !

Comment évolue la valeur d'une obligation tout au long de sa vie ?

I/ La valeur d'une obligation à taux fixe est étroitement liée à l'évolution des taux des emprunts (voir graphique ci-après) :

Quel est l'impact d'une baisse des taux sur la valeur des obligations à taux fixe ?

Prenons un exemple théorique :

Je souscris, à l'année n, une obligation de 1000€ (nominal), au taux de 10%, d'une durée de 20 ans. Autrement dit, je verse 1000€ et chaque année pendant 20 ans, je reçois un coupon de 100€. Au terme de la 20ème année, je reçois 1100€ (nominal + intérêts de la dernière année).

A n + 2, les taux des emprunts à 18 ans à l'émission sont descendus à 5% ; quel sera le prix de mon obligation sur le marché secondaire ?

Réponse : l'acheteur potentiel de mon obligation acceptera un rendement de 5% dans la mesure où c'est le taux qu'il obtiendrait sur le marché primaire.

Or, les 100€ de coupons correspondent à un rendement de 5% pour un capital de .... 2000€ soit une plus value de 1000€ (100%) par rapport au nominal de mon obligation ! Bien sûr ce calcul est caricatural, mais le principe est bien exact.

Nous comprenons mieux l'effet bénéfique, pour les porteurs d'obligations à taux fixe, de la baisse quasi continue des taux obligataires sur la période 1980 – 2010.

L'effet est inverse en période de hausse des taux : imaginons qu'à n+2 les taux d'émissions aient grimpé à 15% ; la valeur de mon obligation sera alors de 666,66€ soit une moins value de 33,33% !!! On voit ici l'impact négatif d'une hausse des taux d'intérêt sur la valeur des portefeuilles. Ce phénomène constitue un krach obligataire tel que celui subi par les épargnants à la fin des années 70.

A noter que le montant de cette plus ou moins value est à pondérer par la durée restante du titre : plus le terme est proche, plus la valeur du titre tend vers le nominal, montant payé à l'échéance. Afin de réduire le risque de moins values en période de hausse des taux d'intérêts, il convient de privilégier des obligations de courtes durées.

Exemple concret : notre OAT 5%, 25 Octobre 2016, émise le 25 Octobre 2000, valait, le 19 Mai 2011, 1,13€ dont 1€ de nominal, 0,10€ de plus value et 0,03€ de coupon couru :

- Les 0,10€ de plus value proviennent du fait que les taux longs sont passés globalement de 5% en Octobre 2000 à 3,5% en mai 2011 (la durée restant à courir pour cette OAT était de 5,4 ans à cette date).

- Les 0,03€ de coupon couru (prorata d'intérêts) correspondent à 7 mois écoulés depuis le 25 octobre 2010, date du dernier coupon de 0,05€.

Vous obtiendrez les cours des obligations ainsi que le détail de leur prix sur le site www.financefi.fr.

II/ L'autre facteur qui impacte la valeur d'une obligation sur le marché secondaire est l'évolution de sa notation financière (9) : lorsque la notation est dégradée, cela signifie que le risque de signature est plus élevé. Le souscripteur de l'obligation exigera alors un rendement supérieur afin de compenser cet accroissement du risque.

Cette hausse des taux liée à la dégradation de la notation, va provoquer une perte de valeur de l'ensemble des obligations à taux fixe du même émetteur !

Voici le graphique de cette période exceptionnelle pour le marché obligataire français :

(source : INSEE)

Nous distinguons 3 périodes :

- De la fin des années 70 à mars 1981, la hausse a été assez rapide, en particulier de 1979 à 1981 où les taux sont passés de 10 à plus de 16%. Le krach obligataire a été sévère : les épargnants qui pensaient avoir placé leurs économies en toute sécurité, subissaient de fortes moins values en cas de revente sur le marché secondaire. Dans le même temps, l'inflation naviguait au-delà des 10%.

- De 1981 à Août 2010, les taux sont passés progressivement de 16 à 2,5%, soit 30 ans de baisse des taux d'intérêt long terme, sauf quelques accidents en 1987, 1993 et 1998. Après les trente glorieuses économiques 1945 – 1975, venons-nous de connaître les trente glorieuses financières ?

- Depuis septembre 2010, les taux sont repartis à la hausse en liaison avec l'évolution de la notation (9) de la France.

L'inflation accompagne l'histoire économique des pays ; voici celle de la France depuis 1900 :

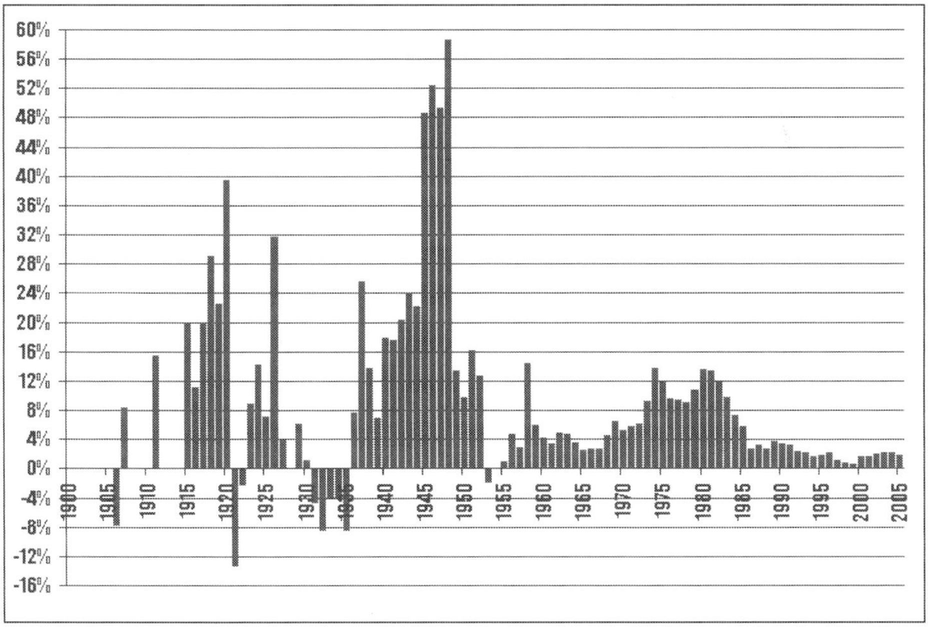

Source : www.france-inflation.com

9/ La notation financière : spirale d'enrichissement ou spirale d'appauvrissement

Lorsque vous sollicitez une banque en tant que particulier ou entrepreneur afin d'obtenir un crédit, attendez-vous à être interrogé, soupesé, évalué, observé, tout cela pour définir votre « score ».

Ce score correspond à une échelle de notation, où meilleure est la note (vous êtes riche, bien payé et en bonne santé) moins vous payez d'intérêts pour acheter ce dont vous n'avez pas besoin. Pourquoi faire un emprunt quand on est riche direz-vous ? Parce que vous vous arrangez pour que les intérêts, modestes au demeurant, soient déductibles de surcroit de vos revenus imposables, ce qui vous permet de placer vos liquidités par ailleurs ! Concernant le placement de ces liquidités, votre situation patrimoniale vous permet d'accéder aux meilleures gestions, avec optimisation du couple rendement / risque, dans les conditions de prix les plus favorables. Il s'agit là d'un effet de levier qui conduit à une spirale d'enrichissement particulièrement performante.

A contrario, si vous êtes pauvre, que vous avez des difficultés à trouver du travail, et que vous avez vraiment besoin d'un prêt, alors vous paierez énormément d'intérêts. Vous entrez alors dans une spirale d'appauvrissement infernale !

C'est immoral ? Disons que c'est la version actualisée de notre forgeron de Rosporden (7).

Les agences de notation font ce travail d'évaluation du risque lorsqu'un émetteur d'emprunt sollicite l'épargne publique.

En ces temps de dettes publiques ingérables, les agences de notation sont montrées du doigt comme étant celles qui tournent le couteau dans la plaie, la question étant : ne font-elles que leur travail ou en font-elles un peu plus selon le client ? Quelque soit la réponse, reconnaissons que leur travail est d'une importance primordiale pour évaluer l'état de santé de l'emprunteur.

Les trois principales agences sont Moody's, Fitch ratings et Standard & Poors. Chaque agence a sa propre grille. Elles sont cependant très proches. Voici celle de Standard & Poors, version simplifiée :

Sécurité maximale : AAA

Qualité haute ou bonne : AA+ à AA-

Qualité moyenne : A+ à A-

Qualité inférieure : BBB+ à BBB-

Spéculatif : BB+ à BB-

Hautement spéculatif : B+ à B-

Risque de défaut élevé : C et D

La notation obtenue par un émetteur détermine directement le taux de son émission obligataire. Le taux de référence est celui de l'émetteur offrant le risque le plus faible. A fin 2011, en Europe, c'est le taux appliqué à l'Etat Allemand qui fait référence, avec un taux à 10 ans à moins de 2%. Les états « plus risqués » supportent des taux qui grimpent proportionnellement à la dégradation de leur note : ils dépassent les 5% voire atteignent les 7% pour les Etats européens les plus en difficultés. Ce taux de 7% est considéré comme le maximum supportable...

Cet écart de taux (ou spread en anglais) avec l'émetteur considéré comme « sans risque », constitue la « prime de risque ». Par exemple, cette prime est de 3% (ou 300 points de base dans le jargon professionnel) lorsque le taux d'émission est de 5%, pour un taux de référence de 2%. Cette prime est la sur-rémunération justifiée par le risque pris par le souscripteur de l'obligation.

Dans le cadre de la crise de la dette, l'impact des décisions des agences de notation sur l'équilibre financier des Etats interpelle l'ensemble des acteurs économiques, des ménages aux responsables politiques : comment des équipes d'analystes, au sein d'entreprises privées, ont-elles pu acquérir ce pouvoir absolu, qui peut conduire à la faillite d'un Etat ? Le fonctionnement des agences de notation est-il vraiment adapté lorsqu'il s'agit du secteur public ?

C'est pour réduire cette pression exercée par les agences de notation que la piste d'Euro obligations (ou Eurobonds) est régulièrement avancée par les pays européens les moins bien notés : le fait d'interposer un émetteur « Europe » entre le souscripteur d'obligations et le pays en besoin de financement améliorerait sensiblement la notation de l'emprunt et par conséquent réduirait le taux d'intérêt. Bien entendu, cette option est vigoureusement rejetée par les pays les mieux notés, qui se trouveraient, quant à eux, « tirés » vers le bas !

10/ Les supports de placement en obligations et leur fiscalité

L'achat d'obligations est possible par :

- La souscription de titres sur le marché primaire ou sur le marché secondaire : cet accès est plutôt déconseillé pour un particulier, sauf à disposer d'un capital important à consacrer à ces achats (montant à définir avec votre intermédiaire financier habituel). L'acquisition de « petites » lignes (quelques milliers d'euros) sur le marché primaire pourrait poser ensuite le problème de la négociation sur le marché secondaire, où les opérateurs interviennent par blocs de titres de plusieurs centaines de milliers d'euros. Le vendeur d'une petite quotité risquerait fort de subir des conditions léonines.

- La souscription à des « paniers de valeurs » : il s'agit là de portefeuilles collectifs, proposés ponctuellement par des banques ou établissements financiers, comprenant un nombre limité d'obligations émises par des entreprises privées, acquises le plus souvent sur le marché secondaire, et pour des durées assez courtes. Les taux de rémunération sont attractifs mais proportionnels au risque de signature. L'avantage est l'accès à des cotations intéressantes sur le marché secondaire pour des montants relativement accessibles. L'inconvénient est l'absence de liquidité (où sinon à des conditions prohibitives) avant le terme.

- La souscription de parts de SICAV ou de fonds communs de placement (11) : c'est la solution la plus simple et la plus souple pour un particulier ; l'accès pour des montants modiques permet une vraie diversification et ainsi de construire des stratégies adaptées à un horizon de placement et un degré de risque définis. Veiller à ce que les frais de souscription et de gestion soient « dans le marché ».

La détention de ces placements obligataires s'envisage à partir de 2 supports :

- Le compte de titres : c'est la formule la plus classique, dont le titulaire peut être un couple, une personne seule, une société civile, une indivision, avec ou sans démembrement... Ce compte accueille tout type de valeurs, françaises ou étrangères. Il permet une grande souplesse de fonctionnement. Des droits de garde et frais de gestion du compte de titres sont à prévoir ; ils varient d'un établissement à l'autre et selon la nature des placements détenus (les placements « maison » sont souvent exonérés).

- Le contrat d'assurance vie multisupports : dans la mesure où le fonds général offre un rendement proche du marché obligataire, très peu de contrats offrent un vrai choix en matière de gestion obligataire. A noter que les « paniers de valeurs » sont le plus souvent intégrables dans des contrats multisupports ce qui constitue un avantage au plan fiscal. Veillez cependant à ce que les frais de gestion du contrat d'assurance (de 0,5 à 0,7% mais qui peuvent aller jusqu'à 0,9%) ne consomment pas voire, ne soient pas supérieurs à ce gain fiscal !

Fiscalité :

Placements obligataires dans un compte de titres :

- Les coupons sont soumis aux prélèvements sociaux (13,5%) ainsi que, sur option, soit à l'impôt sur le revenu, soit au prélèvement libératoire (24% depuis le 1er janvier 2012). Le choix entre impôt sur le revenu et prélèvement libératoire dépend de votre taux marginal d'imposition.

- Les plus values sont soumises aux prélèvements sociaux (13,5%) auxquels s'ajoute une imposition forfaitaire, depuis le 1er janvier 2011, de 19%.

Placements obligataires dans un contrat d'assurance vie : voir fiche 13

11/ Les principales catégories de gestions obligataires

On les identifie au travers des OPCVM (Organismes de Placements Collectifs en Valeurs Mobilières) qui regroupent les SICAV et les Fonds Communs de Placement (FCP). Ce sont des portefeuilles de valeurs mobilières, de plusieurs dizaines voire centaines de millions d'euros, gérés par des professionnels selon des objectifs de gestion précis et prédéterminés.

Le porteur de parts a accès à une information complète et détaillée.

Voici les principales catégories de SICAV et FCP obligataires qui méritent d'être mieux connues des particuliers :

Par notation :

- Emprunts d'Etat : ces émetteurs étaient considérés comme exempts de tout risque de défaillance.....
- Emprunts privés (investment grade): les notations sont a minima BBB (9). Ces valeurs offrent de réelles opportunités de rémunérations attractives avec des risques de signatures très acceptables dans une conjoncture « normale ».
- Emprunts à haut rendement (high yield) : la notation est inférieure à BBB-. Le risque de défaut (non paiement du capital emprunté) est important en période de crise économique. Si le taux de défaut reste faible (inférieur à 5%) la rémunération est alors performante.

Par type de gestion :

- Flexibles : le gérant a la faculté de se positionner sur tout type de supports obligataires, emprunts d'états, emprunts privés, titres à haut rendement ou émissions de pays émergents, afin de maximiser le rendement global sur le moyen et long terme. La performance est directement corrélée à la pertinence des choix du gérant.

- Diversifiés : cette catégorie est assez hétérogène. Elle comporte principalement des emprunts d'états et privés de la zone euro de durée moyenne, autour de 5-7 ans. Certaines SICAV sont gérées afin de distribuer des revenus trimestriels.

Spécifiques :

- SICAV d'obligations convertibles (7)

- Par zones géographiques,

- Indexées sur l'inflation (7)

A noter enfin, que ce marché est également accessible en devises.

Vous trouverez toutes les performances actualisées et historiques des OPCVM obligataires sur le site www.sicavonline.fr . La classification par type de valeurs, suivie d'une présentation synoptique à partir des performances et des notations permet une première sélection. Vous aurez également accès à la notice d'information et au reporting mensuel de chacune des SICAV où figurent en particulier les indicateurs de risque que nous allons définir dans la fiche suivante.

Cette recherche pourra être utilement complétée par les informations du site de l'Autorité des Marchés Financiers : www.amf-france.org

12/ Les indicateurs de risque

Concernant les obligations, nous avons vu que les risques sont liés à l'évolution des taux d'intérêt (8) ainsi qu'à la qualité de signature de l'emprunteur (9).

Les indicateurs associés à ces risques :

La sensibilité au taux d'intérêt : schématiquement, une obligation ayant une sensibilité de 5 verra sa valeur baisser d'environ 5 % si les taux d'intérêts d'emprunt d'Etat à 10 ans augmentent de 1 %, et, inversement, sa valeur augmentera d'environ 5 % si ces taux baissent de 1 %; la sensibilité moyenne d'un OPCVM constitue une mesure importante du risque qu'il présente.

La duration est la durée de vie moyenne des flux financiers (paiement des coupons et remboursement du capital) pondérée par leur valeur actualisée. Plus la duration est élevée, plus le risque est grand.

La prime de risque est l'écart de rémunération entre un emprunt émis par un émetteur présentant un risque de signature et celui d'un emprunteur considéré comme sans risque (ex : aujourd'hui, les Etats européens / Allemagne)

Indicateur de risque commun à toutes les valeurs mobilières :

La volatilité désigne le risque d'un titre ou d'un OPCVM. Plus elle est élevée, plus la variation du titre dans le temps est susceptible d'être importante. Une volatilité faible indique une courbe d'évolution du prix à l'aspect régulier ; à l'inverse, une volatilité forte est associée à une courbe plus accidentée. La volatilité se calcule, sur une période donnée, comme l'indicateur statistique "écart type".

Plus un titre est volatil, plus son risque de perte en capital est élevé, mais aussi plus son potentiel de périodes haussières rapides est important.

Cet indicateur sera repris dans le cadre des actions.

13/ Zoom sur les contrats d'assurance vie

Nous entrons ici dans un univers financier à part, celui de l'assurance qui se caractérise par la gestion de couvertures de risques. Si le monde de l'assurance est l'autre géant de la finance avec le monde bancaire, le métier exercé est fondamentalement différent. Le principe fondateur de l'assurance est la mutualisation du risque. Les métiers de l'assurance se retrouvent ainsi dans tous les secteurs de la vie économique (couverture des risques industriels, commerciaux,...) de la vie privée (responsabilité civile, décès,...), mais aussi de l'environnement, de la géopolitique, etc... avec chaque fois la même démarche d'évaluation de la probabilité du risque et son coût correspondant. C'est le royaume de l'actuariat, au croisement des mathématiques, de l'économie et de la statistique, dont l'objet est la modélisation de certains évènements futurs, tels que la durée de la vie humaine ou les pertes pécuniaires associées aux accidents.

Le poids économique de l'assurance est énorme : les provisions constituées par les compagnies d'assurance dépassent les 1 000 milliards d'euros et leurs actifs gérés dépassent les 1 500 milliards. Ces actifs sont constitués pour plus du tiers par des emprunts d'Etats, pour un quart par des obligations d'entreprises, et pour le solde par des actions, de l'immobilier et autres investissements tels que le foncier ou les placements monétaires. Les compagnies d'assurance sont en première ligne en tant que détentrices d'emprunt d'Etats. La gestion de leur équilibre financier est une fine alchimie entre la survenance des risques assurés au regard des probabilités prises en compte pour le calcul des primes, et la gestion financière des provisions constituées.

La relation « patrimoniale » du particulier avec le monde de l'assurance, en dehors des assurances traditionnelles du type habitat, auto, responsabilité civile, se situe à 2 niveaux :

- L'assurance décès ou assurance à fonds perdus. Elle couvre le décès ou l'invalidité de l'assuré, le plus souvent celui ou celle qui perçoit les revenus du foyer, afin que son conjoint et ses enfants (les bénéficiaires) perçoivent un capital prédéfini et continuent de jouir de conditions matérielles satisfaisantes. Le montant de la prime d'assurance est directement lié à l'âge et à l'état de santé de l'assuré, ainsi qu'au montant du capital versé.

- L'assurance vie, contrats d'épargne :

1/ Toute une famille de ces contrats est dédiée à la préparation de la retraite, telles que les PERP (Plan Epargne Retraite Populaire) et PERCO (Plan Epargne Retraite Collectif). La sortie privilégiée de ces plans retraite est la rente viagère (avec aliénation du capital). En contrepartie, les sommes versées sur ces plans sont déductibles des revenus imposables, sous certaines conditions.

Si nous prenons l'exemple du PERP, vous pouvez déduire les cotisations versées dans la limite de 10% de vos revenus professionnels (après abattement de 10%), avec un plafond de 28 281€ (10% de 8 fois le plafond de la Sécurité Sociale) en 2012.

2/ A coté de ces contrats retraite, les contrats d'assurance vie les plus prisés sont ceux qui permettent de récupérer le capital au terme. Leurs caractéristiques sont uniques dans le monde de l'épargne. Voici, très schématiquement, les cinq pattes du mouton :

- La rentabilité : elle est obtenue par la performance du fonds général (ou fonds en euros), géré par l'assureur, et largement plébiscité par l'épargnant : actuellement, près de 80% de l'épargne va sur ces supports. La performance moyenne, nette de frais, au cours des 5 dernières années, a été de 4% en 2006 et 2007, 3,75% en 2008 et 2009, et 3,45% en 2010. Nous constatons une diminution de cette rentabilité, en corrélation avec la baisse de rendement des emprunts d'état à 10 ans (8).

  Cette performance est restée, jusqu'à présent, supérieure à l'inflation. Elle pourrait devenir bien moins satisfaisante en cas de marchés financiers très défavorables (forte remontée des taux longs conjuguée à des défaillances y compris d'Etats) associés à des retraits massifs des épargnants. Sans arriver à ce scénario noir on peut imaginer que le rendement du fonds général connaîtra une période de performances moindres, plus proches des taux à court terme que des taux obligataires, dans la mesure où ceux-ci poursuivront leur remontée. D'où l'intérêt de la diversification, dès à présent, de ses avoirs financiers.

- La sécurité : ces résultats bénéficient de « l'effet de cliquet » : l'assureur s'engage à ne pas remettre en question la rémunération du fonds général déjà versée. En d'autres termes, le fonds général ne peut pas dégager une performance négative. Cet engagement est important.

  A noter la garantie en cas de faillite d'un assureur : le **Fonds de garantie des assurances de personnes (FGAP)**, alimenté par les compagnies d'assurance, est garant, à hauteur de 70 000 euros par assuré, tous contrats confondus, en cas de faillite d'un assureur et à défaut d'une reprise de son portefeuille par un autre.

- La fiscalité : les plus values dégagées par les contrats d'assurance vie bénéficient d'un régime privilégié :

- lors d'un rachat partiel ou total du contrat, la part de plus value est soumise aux prélèvements sociaux de 13,5%.

  De plus :

- si la sortie se fait avant 8 ans, les plus values seront soumises à l'impôt sur le revenu ou, sur option, à un prélèvement forfaitaire de 35% si le contrat a moins de 4 ans révolus ou de 15% si le contrat à entre 5 et 8 ans.

- Après 8 ans, une taxe de 7,5% n'est prélevée sur les plus values que si leur montant dépasse 4 600€ pour une personne seule ou 9 200€ pour un couple. Il y a alors le choix entre IR ou PFL de 7,5% (on peut avoir intérêt à opter pour l'IR lorsque le taux marginal d'imposition reste inférieur à 7,5%). En cas d'option, le taux de 7,5% s'applique sur la totalité des intérêts. Le mécanisme de l'abattement de 4600 (ou 9200 €) est sous forme de crédit d'impôt.

  A noter que l'écart de fiscalité avec un compte titres est au maximum de 24%. Si le fonds général de votre contrat d'assurance vous rapporte 3,5% en 2011, l'objectif de performance en SICAV obligataires, pour rester sur une classe d'actifs similaires, sur votre compte titre, devra être de 4,5% afin de compenser l'écart de fiscalité.

- La transmission : les capitaux placés sur un contrat d'assurance vie n'entrent pas dans la dévolution successorale, sauf situations particulières. La taxation de ces capitaux au décès de l'assuré est nulle sous conditions d'âge de l'assuré et de date des versements sur les contrats. Voir votre conseiller sur ce point.
  Ces capitaux sont remis, par la Compagnie d'assurances, aux bénéficiaires désignés par le contrat. La désignation de ces bénéficiaires est totalement libre et indépendante de tout lien de parenté. Cette faculté de transmission propre à l'assurance vie a fait l'objet de nombreuses jurisprudences, sur le terrain de l'origine des capitaux, sur celui des quotités pouvant être affectées aux bénéficiaires hors héritiers directs, et plus globalement sur la rédaction des contrats. Ces dispositions jurisprudentielles sont particulièrement importantes dans le cas d'un couple marié qui alimenterait ses contrats d'assurance à partir de biens communs du ménage.

  Il est important d'être bien conseillé pour optimiser cette faculté de transmettre dans le cadre d'un contrat d'assurance vie.

- La souplesse : malgré ce carcan juridique, il est tout à fait possible de disposer provisoirement ou définitivement des capitaux placés sur un contrat d'assurance vie : s'il s'agit de couvrir un besoin temporaire, alors une avance de trésorerie, sera la meilleure formule. Le taux de cette avance est proche de celui de la rémunération du fonds général. S'il s'agit d'un retrait définitif, c'est le rachat partiel qui répondra au besoin. A noter que dans un rachat partiel, seule la partie représentative des intérêts est soumise à fiscalité. En clair si vous avez versé 10 000€ sur votre contrat, que sa valeur est de 12 000€ au jour du retrait, et que vous retirez l'équivalent de la plus value, soit 2 000€, ces 2 000€ comprendront 10 / 12ème de capital, non taxables, et 2 / 12ème de plus value soit seulement 333€ taxables, aux conditions prévues selon la durée de vie du contrat. Cette formule est fiscalement plus avantageuse que la perception d'un loyer ou de coupons d'obligations.

Cette présentation de l'assurance vie, telle que nous venons de la voir dans ses très grandes lignes, est axée autour du fonds général, support essentiel de placement dans ce domaine.

Il faut savoir qu'aujourd'hui, la quasi-totalité des contrats proposés sont des contrats « multisupports » : à côté du fonds général, le souscripteur peut choisir d'investir sur des SICAV d'actions françaises, étrangères, diversifiées,... (20) sur des produits garantis (24), sur des produits structurés type « panier de valeurs »(10), sur des SCI ou SCPI (placements immobiliers) (33 et 34) qui permettent ainsi de réaliser une diversification de ses avoirs au sein du contrat.

On ne peut pas parler de l'assurance vie sans parler des frais ; sur ce point, il faut reconnaître que les dispositions prises par le législateur ont amené une meilleure transparence, même s'il reste encore difficile d'avoir une connaissance exhaustive des frais payés dans certains cas, en particulier avec les produits structurés et produits garantis.

Les frais payés dans le cadre d'un contrat d'assurance sont principalement :

- les commissions lors de la souscription du contrat (de 0 à 4% selon le contrat, le montant des capitaux apportés et le pouvoir de négociation du souscripteur),

- les frais annuels de gestion du contrat : ces frais se situent couramment entre 0,5 et 1%. A noter : il est plus rentable de payer 2% de frais d'entrée et seulement 0,6% de frais de gestion, plutôt que 0% de frais d'entrée et 1% de frais de gestion. On estime que 1% de frais d'entrée équivaut à 0,1% de frais de gestion pour une durée de vie du contrat de 8 ans environ.

- Les frais d'arbitrage : ils sont prélevés à l'occasion des changements de supports au sein d'un contrat multisupport. Exemple : sortie d'une SICAV actions pour souscription au fonds général. Ces frais peuvent être fixes ou proportionnels aux sommes arbitrées.

En synthèse, le choix d'un contrat d'assurance vie multisupport devra prendre en compte :

- La composition du fonds général auquel est adossé le contrat d'assurance vie, sa diversification obligations / actions / immobilier, sa capacité d'adaptation à une hausse éventuelle des taux d'intérêt,

- La richesse des supports proposés permettant une diversification adaptée à des scénarios divers,

- L'accompagnement-conseil en matière de rédaction du contrat (clauses bénéficiaires en particulier), d'allocation d'actifs et de son suivi,

- Enfin, des frais cohérents avec le service proposé

14/ Stratégies de placement en obligations

Nous venons de voir ce qui constitue la matière première « obligataire ». Celle-ci est au cœur de l'épargne.

Est-il possible (et judicieux) de profiter des rendements obligataires en dehors du fameux fonds général des contrats d'assurance ?

La réponse est clairement oui ; une diversification dans ce domaine, de la même manière que, nous le verrons, dans les marchés actions ou immobiliers, est souhaitable.

L'avantage des SICAV obligataires est, comme pour toute SICAV, sa transparence, c'est-à-dire l'accès à sa composition, sa sensibilité, sa duration, sa volatilité (12) et autres indicateurs plus techniques.

Maintenant que vous disposez de quelques bases sur les mécanismes de cette classe d'actif, vous avez tous les éléments pour faire votre marché dans l'univers des SICAV obligataires, en adaptant le niveau de risque à votre horizon de placement.

La crise financière actuelle se joue sur le terrain des obligations. Nous l'avons vu, une hausse des taux longs serait défavorable aux emprunts à taux fixe et à échéance longue. Dans une conjoncture économique qui resterait solide, les rémunérations d'emprunts d'entreprises privées, notées BBB au minimum (9), sur des durées pas trop longues (8), pourraient constituer des opportunités valables. Les plus audacieux pourront aller vers les valeurs « haut rendement », mais attention le risque de perte en capital est alors plus important.

Le marché obligataire ne déroge pas à la règle selon laquelle l'importance du gain est proportionnelle au risque pris. Jusqu'à présent, le fonds général des compagnies d'assurance a permis d'éviter de se positionner directement sur ce marché, ces fonds apportant des rendements réguliers et satisfaisants au regard de l'inflation. Il n'est pas question aujourd'hui d'abandonner ce fameux fonds général. Cependant, pour améliorer le rendement d'actifs obligataires, il est temps de s'intéresser à une diversification au travers de SICAV lesquelles offrent un choix extrêmement varié, pour tout profil d'épargnant. A noter que chacune d'elles fait l'objet d'une évaluation de son degré de risque, de faible à élevé, disponible sur la notice d'information.

Les actions :

« Et si nous changions notre approche de cet investissement ? »

15/ Définition d'une action

En abordant le marché des actions, nous entrons dans un univers radicalement différent de ceux que nous venons de voir, les marchés monétaire et obligataire. Ces deux familles de placement ont en commun d'être basées sur une relation de prêt entre deux acteurs économiques. Les prêts sont au passif du bilan. Le terme de « passif » est tout à fait approprié dans la mesure où le prêteur (l'épargnant) met une somme d'argent à disposition de l'emprunteur (une banque ou un émetteur d'obligations) lequel en dispose à sa guise.

Avec les actions, la relation actionnaire – entreprise est radicalement différente : l'actionnaire est « actif » par sa participation à la gestion de l'entreprise. Dans les petites entreprises, le dirigeant est le plus souvent le principal actionnaire. Il récupère une bonne partie des fruits de son travail et des risques engagés avec la valorisation de ses actions. Cette valeur est liée au portefeuille de clients qu'il aura su développer, au savoir-faire spécifique de son entreprise, à sa capacité à dégager des bénéfices, source de pérennité, de développement et d'embauches au final. Mais la vie d'une PME est loin d'être un long fleuve tranquille. Elle doit affronter la concurrence quelquefois locale, on la connaît et on peut s'y adapter, mais aussi étrangère, plus déstabilisante du fait de méthodes différentes et méconnues. Elle doit aussi composer avec la législation sociale, les charges patronales, salariales, retraites, la législation fiscale, les impôts directes et indirectes, les financements,.... bref un environnement au cœur de l'économie, en perpétuelle mutation. Le rôle clef de l'entreprise consiste en la création de richesses et de leur redistribution au travers des salaires, des cotisations sociales, des impôts, des dividendes, mais aussi par l'intermédiaire de sa chaîne économique, fournisseurs, sous traitants, banques, assureurs...

Pour financer son activité, le chef d'entreprise a deux possibilités :

- soit il emprunte, nous sommes alors sur le terrain du monétaire ou de l'obligataire,

- soit il propose à des particuliers ou à d'autres entreprises, de prendre des participations au capital de sa société. Ces nouveaux entrants apportent un capital en échange duquel ils sont intéressés au pilotage de l'entreprise et à ses performances :

  - ils sont invités aux assemblées générales ordinaires annuelles (présentation de l'activité, des résultats, des projets et perspectives) qui donnent lieu à des votes validant ou sanctionnant la gestion opérée par la direction de l'entreprise,

  - ils sont invités aux assemblées générales extraordinaires où sont décidées les modifications de structure de l'entreprise,

  - ils perçoivent des dividendes, rémunération du capital apporté, dont le montant est fixé en assemblée générale en proportion des bénéfices réalisés. Cette rémunération est donc variable, dans la mesure où les bénéfices peuvent connaître des progressions exponentielles (c'est le cas de 10 à 20% des entreprises nouvellement créées, le plus souvent dans des domaines de haute technologie, ou innovantes) ou, à l'inverse, l'entreprise peut être malade (départ d'un homme-clé de l'entreprise par exemple) voire mourir. Si les bénéfices ne sont pas distribués, ils sont mis en réserve ou réinvestis dans l'entreprise.

L'action est donc un titre de propriété représentatif d'une part du capital d'une entreprise.

16/ La formation du prix des actions, leur cotation, les acteurs

Lorsqu'une société n'est pas cotée (elle ne fait pas l'objet d'échanges sur un marché financier), ce qui est le cas de pratiquement toutes les PME, l'évaluation du prix de l'action passe par la valeur estimée de la société, divisée ensuite par le nombre d'actions.

La valeur de la société est déterminée à partir de ses éléments comptables :

- actifs figurant au bilan : immobilier, foncier, stocks, matériel, véhicules, placements, participations dans d'autres entreprises,... diminués des dettes (passif) ;

- capacité bénéficiaire de l'entreprise en liaison avec l'exploitation de sa clientèle : son chiffre d'affaire, ses recettes,... diminués des charges ;

Selon le type d'activité, la détermination du prix prendra plus en compte les valeurs d'actifs (des immeubles bien placés peuvent constituer à eux seuls l'essentiel du prix) ou plutôt le chiffre d'affaire (société de services) et les bénéfices dégagés.

Après fixation de ce prix théorique, si le propriétaire de la PME souhaite vendre son affaire, il va devoir affronter le regard critique d'un acheteur potentiel : celui-ci va s'intéresser à la capacité de développement de l'entreprise, son marché, ses concurrents, la qualité des équipes en place et leurs motivations, les risques liés à l'évolution du prix des matières premières, celle des devises si l'entreprise travaille à l'export, l'évolution des frais financiers si l'entreprise est endettée à taux variable,....

Cette méthode d'évaluation a des fondations communes avec celle d'une entreprise cotée, soumise au jugement de ce fameux « marché financier ».

La différence fondamentale entre le coté et le non coté est la LIQUIDITE : quand dix actionnaires se partagent le capital d'une PME, la fréquence d'échange des parts est très faible, probablement moins d'une fois par an. Par contre quand ce sont plus de 100 000 actionnaires qui détiennent le capital d'une grande entreprise, alors là, c'est plusieurs fois par jour que des transactions sont nécessaires. A titre d'exemple, le nombre d'actionnaires individuels français de TOTAL est estimé à 540 000 *(Le guide de l'actionnaire TOTAL, Janvier 2011)*.

Que se passe-t-il dans un marché très liquide ? La spéculation y trouve tous les ingrédients pour s'installer, ce qui accroît et accélère sensiblement les transactions.

C'est pourquoi le marché des actions a cela de particulier, de coter les actions en continu (c'est d'ailleurs la signification du sigle CAC). Et quand on dit « continu », cela va jusqu'à une division très minime du temps : certains logiciels de gestion étudient les variations de cours portant sur le millième de seconde dans la mesure où la gestion spéculative à court terme est une course à l'anticipation, le but du jeu étant de réagir avant son voisin à la moindre information. A noter que les cotations sur le marché parisien ont lieu de 9h à 17h30, des pré-cotations ayant lieu avant l'ouverture et les débouclages de position pouvant se prolonger quelques minutes après la clôture.

Quelles sont ces informations qui déclenchent sans cesse, achats et ventes ?

Nous retrouvons ici tout ce qui constitue la vie économique, classé sommairement en deux catégories :

- la macroéconomie : c'est l'environnement externe, mesuré au travers d'une batterie d'indicateurs et de prévisions par pays portant sur la croissance, l'inflation, le chômage, la consommation, la confiance des ménages, celle des entrepreneurs, le prix des matières premières, de l'or, des devises, l'évolution des taux d'intérêt,... c'est aussi tous les événements politiques (sondages, élections, déclarations,...), les événements climatiques et géologiques, les mouvements sociaux,... enfin tout ce qui constitue le cadre social, économique, politique et environnemental de notre vie. A noter sur ce plan les révolutions provoquées par la mondialisation et les nouvelles technologies de communication : tout est interdépendant, dans une dimension mondiale.
- La microéconomie : c'est la vie de l'entreprise, l'évolution de son chiffre d'affaires, de ses résultats, de sa gouvernance, de son climat

social, de sa concurrence, le dépôt de nouveaux brevets, ses nouveaux marchés,...

Quelques exemples de secteurs et leurs sensibilités aux facteurs économiques :

Secteur d'activité	**Paramètres influant les résultats des valeurs du secteur et leur cours boursier**
Automobile, distribution	Evolution du pouvoir d'achat des ménages, aides fiscales, confiance des consommateurs
Bâtiment, travaux publics (valeurs cycliques)	Croissance, emploi, confiance des consommateurs, taux d'intérêt
Banque, assurance	Taux d'intérêts, tenue de la bourse, santé des entreprises
Agro-alimentaire, pharmacie (valeurs défensives)	Sensibilité moindre à une conjoncture défavorable
Défense	Instabilité géopolitique ; conflits mondiaux
Luxe	Conjoncture mondiale ; taux de change $ / €

En règle générale, la cotation d'une grande société sera d'abord tributaire des données macroéconomiques, temporisées par les qualités intrinsèques de l'entreprise.

Nous avons vu les paramètres qui influent sur le cours d'une action. Il reste à fixer son prix.

Techniquement, le prix est fonction de l'offre et de la demande par valeur : il y a confrontation permanente des offres d'achats (nombre de titres et prix offert) et offres de ventes (nombre de titres et prix demandé) dans un carnet d'ordre visualisable sur les sites boursiers. Le prix est arrêté chaque fois qu'un acheteur tombe d'accord avec un vendeur. Il existe plusieurs techniques pour passer un ordre. Nous reviendrons sur ce point (20).

Les principaux pilotes de ce marché :

- Le gérant : NYSE (New York Stock Exchange) Euronext est le premier groupe mondial de places boursières.

- Le gendarme : l'Autorité des Marchés Financiers (AMF) détermine les obligations des acteurs, veille à l'intégrité du marché, contrôle et sanctionne les fautes et abus.

Les principaux acteurs :

- Les Sociétés de Bourse, sociétés de courtages et structures spécialisées des Banques sont les interfaces entre le public, particuliers et entreprises, et NYSE Euronext.

- Les Sociétés de Gestion gèrent des portefeuilles de titres pour le compte de leurs clients soit à titre individuel (mandat de gestion) soit à titre collectif (SICAV et Fonds communs de Placement).

A noter également le rôle primordial des analystes financiers dont l'objectif est d'apprécier les résultats et stratégies des sociétés. Leurs avis, -acheter, renforcer, neutre, alléger ou vendre-, sont attendus et écoutés par les investisseurs. Le changement d'opinion d'un analyste peut provoquer des réactions brutales sur le cours d'un titre.

On parle aussi souvent de « traders » et opérations de « trading » : ces termes anglais qui proviennent simplement d'« échanger » (to trade), sont maintenant assimilés aux opérateurs qui se livrent à de la spéculation en achetant et vendant rapidement (d'une minute à l'autre si besoin) des actions, mais aussi des matières premières, devises, produits de taux, pour un gain rapide. Les traders professionnels sont le plus souvent salariés de banques d'affaires ; ils travaillent dans des salles de marché basées dans les grandes places financières (Londres, New York, Shanghai, Singapour, Hong Kong, Tokyo,….). Leurs rémunérations, indexées sur les gains réalisés, suscitent beaucoup de controverses, la valeur économique de ces métiers, axés sur la spéculation, étant mise en doute par une grande partie du public.

Au fil des heures et des équipes, ce sont ainsi des milliards qui changent perpétuellement de mains, d'une place financière à l'autre, pour grappiller au passage quelques centièmes de point, dont l'addition représentera des milliards de bénéfice (ou de pertes) pour ces salles de marchés. Ces professionnels sont assistés de scientifiques, mathématiciens et informaticiens, qui développent des modèles mathématiques et outils de suivi de marchés complexes.

Ces opérations de trading utilisent le plus souvent l'effet de levier : afin qu'une variation à la hausse ou à la baisse (on peut aussi gagner de l'argent à partir de la baisse des cours) de 0,1% puisse se transformer en un gain de plusieurs dizaines de milliers d'euros, il est nécessaire de jouer sur des sommes très importantes. Le trader emprunte une somme, la fait travailler, et encaisse les plus values (ou paie les moins values) à l'échéance de son emprunt.

Cet effet de levier se retrouve également lorsqu'un particulier utilise le SRD (Service de Règlement Différé) sur le marché des actions, ou avec l'utilisation de produits dérivés (23). L'effet de levier est au cœur de la spéculation puisqu'il permet de générer des plus (ou moins) values sans disposer du capital initial correspondant aux investissements.

17/ Comment aborder la bourse en tant que particulier ?

Nous venons de voir le métier et les conditions matérielles dont dispose un pilote de Formule 1 ; comment se faire plaisir et ne pas perdre sa chemise lorsque l'on possède une berline de 120 chevaux ?

C'est déjà ne pas se mettre sur les mêmes circuits que ces professionnels : toute publicité qui vous incite à « devenir un trader et gagner plusieurs centaines d'euros par jour » est illusoire et dangereuse : le gain final sera celui de la société de courtage qui encaisse ses commissions à chaque opération.

C'est ensuite avoir une démarche personnelle de connaissance du marché des actions :

- Ce domaine, tout comme l'investissement immobilier, demande de s'y intéresser : sans être un expert, il est souhaitable de connaître les rudiments du marché des actions. La lecture, de temps en temps, de la presse financière, papier ou numérique, est très utile. Ces premiers pas sont essentiels. Ils nécessitent d'avoir envie de comprendre comment cela fonctionne. Pour vous aider dans cette démarche, les clubs d'investissement, dont la liste est disponible auprès de la Fédération Française des Clubs d'Investissement (www.ffci.fr) apportent pédagogie, pratique et convivialité à leurs participants. L'Ecole de la Bourse (www.ecolebourse.com) propose des thèmes de formation qui permettent également de mettre le pied à l'étrier.

- Ce domaine nécessite l'acquisition d'un minimum d'expérience : tout comme l'achat de la résidence principale est souvent le déclencheur pour s'intéresser à l'immobilier, ses prix, ses opportunités,... la vie d'actionnaire démarre par une première expérience, bonne ou mauvaise. Il est préférable que l'épargnant fasse sa propre démarche de choix d'investissement au moins pour une part de l'épargne qu'il a décidé de consacrer aux actions. Le fait de décider soi-même rend beaucoup plus réceptif aux succès ou aux échecs et à leurs motifs. La plupart des sites boursiers proposent la gestion de portefeuilles virtuels (www.abcbourse.com) ; c'est également une bonne école.

- Cette démarche implique de définir une stratégie et de ne pas trop se disperser : suivre une dizaine de thèmes (indices, secteurs, ...) ou sociétés permet déjà de disposer de bons repères. Devenir familier avec la vie d'une entreprise ou d'un secteur de marché est le meilleur atout pour être un actionnaire avisé.

C'est enfin avoir défini la somme qui peut être allouée à l'investissement en actions :

- Quel est le montant de votre épargne dont vous pouvez disposer sur plusieurs années et que vous n'aurez pas à récupérer dans la précipitation en cas de coup dur ?

- Quelle somme pouvez-vous mettre de coté mensuellement et placer à long terme ? Le fait de pouvoir abonder votre portefeuille d'actions d'une manière régulière est le meilleur moyen pour « lisser » vos cours d'achat.

Dès que vous aurez défini votre quotité de placement en actions et que vous serez motivé pour aborder ce marché dans une démarche rationnelle, alors vous aurez toutes les chances pour que cette classe d'actif réponde efficacement à votre ambition de croissance de votre patrimoine à long terme.

Il n'est pas nécessaire de gérer soi-même son portefeuille (mais vous pouvez toujours vous faire plaisir avec quelques lignes dans un Plan d'Epargne en Actions). La compétence des professionnels est irremplaçable, dans ces marchés très techniques. Par contre **vos connaissances, même minimes, vous permettront d'orienter vos choix, d'être plus critique face aux propositions commerciales, de poser les bonnes questions, et de mieux évaluer les frais payés au regard de la prestation du gérant.**

Voici maintenant quelques outils pour forger votre propre stratégie.

18/ Le ratio cours / bénéfice et le rendement

A partir du prix, il est utile de savoir si la valeur du titre est plutôt chère ou bon marché en comparaison avec des valeurs comparables ou autres placements, telles que les obligations ou l'immobilier.

Le meilleur indicateur, en tout cas le plus utilisé, est le rapport entre le cours de l'action et les bénéfices nets réalisés. Ce rapport cours / bénéfice est aussi appelé Price Earning Ratio (PER ou PE).

En voici quelques exemples :

	Cours au 25 Novembre 2011 à 11h	Bénéfice Net par Action 2011 (estimation)	PER
TOTAL	35€	5,20€	6,73
ESSILOR International	50,7€	2,48€	20,4
BNP Paribas	25,25€	5,67€	4,45

(source : Boursorama)

Les PER de TOTAL et BNP Paribas sont à des niveaux faibles en comparaison avec les PER moyens historiques du marché qui se situent plutôt entre 10 et 15. Ces niveaux sont à comparer avec ceux de sociétés du même secteur : si tout le monde est dans les mêmes eaux, l'explication est à rechercher au plan macroéconomique : la conjoncture pèse sur les perspectives de bénéfices, une éclaircie provoquerait immédiatement un rebond de ces valeurs. Si le PER d'une valeur était décroché d'une manière isolée, il faudrait alors rechercher l'explication au plan de la société elle-même (microéconomie).

L'anticipation d'une baisse des résultats prévisionnels (2012 – 2013) est aussi un facteur essentiel de PER bas. Si, à la suite de défauts de paiement, dépréciation d'actifs, baisse des résultats d'exploitation, le bénéfice est divisé par 2 ou par 3, le PER reviendra alors à son niveau moyen historique, et validera le maintien d'un cours jugé comme bas précédemment.

Le PER d'ESSILOR International est largement supérieur à la moyenne du marché : cette valeur est chère. Ce prix reflète la position dominante de cette société sur le marché mondial de la lunetterie, ainsi qu'une gestion de grande qualité, prête à accompagner le développement de l'industrie optique.

A partir du bénéfice réalisé, il y aura (ou non) distribution de dividendes aux actionnaires. Cette distribution constitue le rendement du titre. En voici l'illustration :

	Cours au 25 Novembre 2011 à 11h	Dividendes 2011 (estimation)	Rendement
TOTAL	35€	2,28€	6,51%
ESSILOR International	50,7€	0,93€	1,83%
BNP Paribas	25,25€	1,73€	6,85%

(source : Boursorama)

Les rendements de TOTAL et BNP Paribas sont à des niveaux élevés en comparaison avec les rendements des emprunts d'états à 10 ans qui se situent autour de 3% au même moment. En règle générale, le rendement des actions est inférieur à celui des obligations, lesquelles, par essence, n'offrent pas de plus value. On peut parler ici d'une prime de risque élevée en faveur des actions.

Le retour à un niveau de rendement inférieur aux obligations pourrait avoir 3 origines :

- Une hausse des taux de rendement des obligations, signe d'une situation qui aurait tendance à se dégrader (dégradation de la notation du pays, tensions inflationnistes);

- Une hausse du prix des actions, signe de retour de la croissance et de perspectives porteuses pour les sociétés ;

- Une baisse des résultats prévisionnels des sociétés et par conséquent des prochains dividendes.

Le rendement des actions constitue un élément non négligeable de la performance long terme des actions :

Euronext calcule un indice CAC 40 en prenant en compte la distribution des dividendes et leur réinvestissement en actions pour leur valeur brut (CAC 40 GR = Global Return) ou après retenue à la source d'environ un tiers du montant brut (CAC 40 NR = Net Return):

	Indice CAC 40 au 31/12/1987	Indice au 31/12/2010	CAC 40 GR	CAC 40 NR
Niveau du CAC	1000	3805	7526	6365
Performance annuelle sur la période		5,98%	9,17%	8,38%

La performance du placement actions CAC 40 passe ainsi de 5,98% à 8,38% avec réinvestissement annuel des dividendes nets perçus, soit une surperformance de 40% de la performance initiale ! L'appréciation de la performance d'un portefeuille d'actions françaises, en comparaison avec l'indice de référence CAC 40 doit prendre en compte cet élément.

19/ Les indices boursiers parisiens ; zoom sur le CAC 40

Le CAC (Cotation Assistée en Continu) 40 est l'indice phare de la bourse de Paris, composé des 40 sociétés dont le volume de capital en circulation est le plus important. Ces valeurs sont les « grosses capitalisations » ou « big caps » ou « blue ships » du marché parisien. Cet indice a été mis en place en 1987 à 1000 points.

Les autres indices du marché parisien sont :

- Le SBF (Sociétés de Bourse Françaises) 120 qui regroupent les 120 valeurs principales du marché parisien, celles du CAC 40 + des valeurs moyennes (middle caps) ;

- Le SBF 250 où l'on y trouve les grandes valeurs françaises mais aussi les valeurs moyennes et de petites valeurs (small caps). Le SBF 250 se réparti en :

  CAC 40 : les 40 premières capitalisations,

  CAC Next 20 : les 20 suivantes,

  CAC Middle 100 : les 100 suivantes,

  CAC Small 90 : les autres plus petites.

A noter que les grosses valeurs, les valeurs moyennes et les petites valeurs ont des comportements boursiers différents, l'exposition des petites valeurs aux spéculateurs internationaux étant beaucoup moins importante. En contrepartie, les petites valeurs peuvent avoir des marchés peu animés ce qui pose des problèmes de liquidité à certains moments (difficulté pour vendre une valeur).

Liste des valeurs du CAC 40 à janvier 2012

Classement par poids de la valeur dans l'indice : la première, Total « pèse » 15% de l'indice : une variation de 10% de son cours provoque une variation de 1,5% du CAC 40 ; la dernière, Safran pèse moins de 1% de l'indice.

Société	Secteur
Total	Énergie et Produits de base
Sanofi-Aventis	Chimie Pharmacie Cosmétiques
GDF Suez	Énergie et Produits de base
France Télécom	Télécommunication
Vivendi	Communication Médias Multimédias
AXA	Assurances
BNP Paribas	Banque
Danone	Agroalimentaire
Société générale	Banque
Carrefour	Distribution générale grand public
Air liquide	Énergie et Produits de base
L'Oréal	Chimie Pharmacie Cosmétiques
EDF	Énergie et Produits de base
Arcelor-Mittal	Transformation des métaux
Vinci	BTP Génie Civil
LVMH	Conglomérat / luxe
Schneider Electric	Électricité Électronique
Pernod-Ricard	Agroalimentaire
Crédit agricole	Banque
Saint-Gobain	Matériaux de construction
Unibail-Rodamco	SIIC

Bouygues	Conglomérat
Alstom	Autres biens d'équipement
Essilor International	Biens d'équipement domestique
Veolia Environnement	Environnement et Services aux collectivités
Lafarge SA	Matériaux de construction
Accor	Hôtellerie Restauration Tourisme
EADS	Aéronautique Espace Armement
Michelin	Équipement automobile
Vallourec	Transformation des métaux
Cap Gemini	Services informatiques
Legrand SA	Composants et équipements électriques
Publicis Groupe	Communication Médias Multimédias
Alcatel-Lucent	Télécommunication
Renault	Automobile
PPR	Distribution générale grand public
STMicroelectronics	Électricité Électronique
Peugeot	Automobile
Technip	Énergie
Safran	Equipement haute technologie

Historique du CAC 40 (arrêté au 31 Août 2011)

(source : www.france-inflation.com)

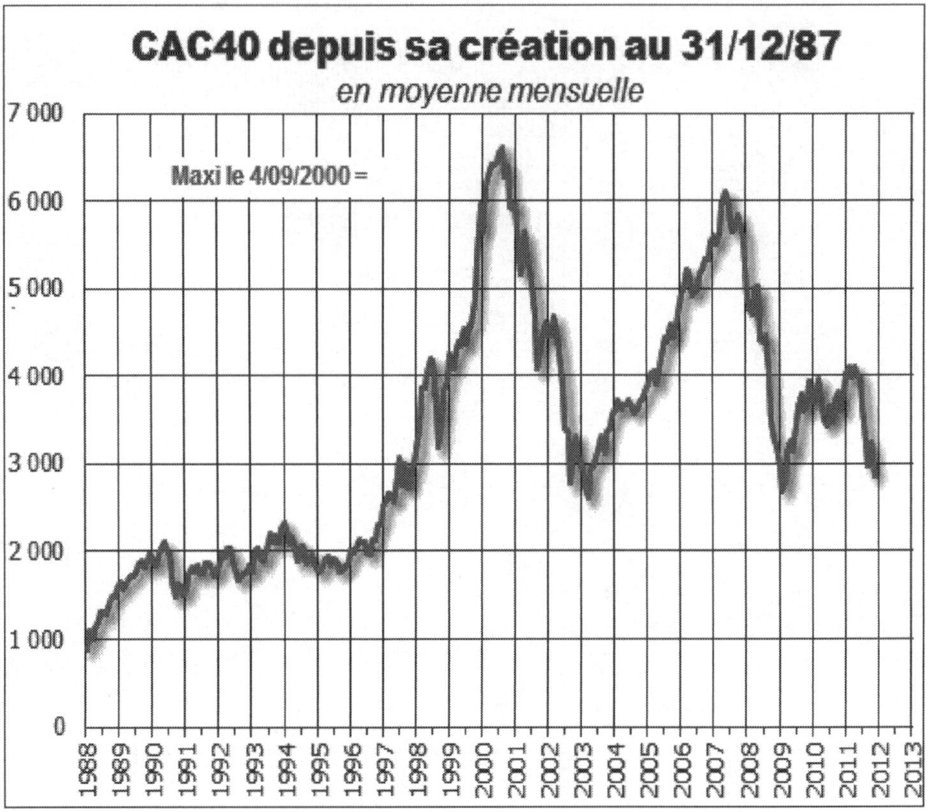

Historique des performances du CAC 40 (hors dividendes)

(Source : Euronext)

Année	Valeur de l'indice au 31/12	Performance
1987	1 000,00	-
1988	1 573,94	+ 57,4 %
1989	2 001,08	+ 29,5 %
1990	1 517,93	- 24,06 %
1991	1 765,66	+ 15,5 %
1992	1 857,78	+ 5,2 %
1993	2 268,22	+ 22,1 %
1994	1 881,15	- 17,5 %
1995	1 871,97	- 4,30 %
1996	2 315,73	+ 23,24 %
1997	2 998,91	+ 29,34 %
1998	3 942,66	+ 37,31 %
1999	5 958,32	+ 51,12 %
2000	5 926,42	- 0,54 %
2001	4 624,58	- 21,97 %
2002	3 063,91	- 33,75 %
2003	3 557,90	+ 16,12 %
2004	3 821,16	+ 7,40 %
2005	4 715,23	+ 23,40 %
2006	5 541,76	+ 17,53 %
2007	5 614,08	+ 1,31 %
2008	3 217,97	- 42,68 %
2009	3 936,33	+ 22,32 %
2010	3 804,78	- 3,34 %
2011	3 159,81	- 16,95 %

Quelques dates et périodes qui ont marqué l'évolution du CAC 40 :

- **19 Octobre 1987** : krach boursier qui a fait suite à une vive remontée des taux d'intérêt à long terme. Ce jour là, l'indice Dow Jones de la Bourse de New York a perdu 22,6%.

- **Août 1990 – Février 1991** : Invasion du KOWEIT par l'IRAK et guerre du Golfe : le risque d'embrasement du Moyen Orient et les conséquences potentielles sur le prix du pétrole, ainsi que la forte hausse des dépenses de guerre des USA, affolent les marchés.

- **Février 1994** : les taux obligataires connaissent une poussée de fièvre dans une période de forte récession ; les investisseurs délaissent les actions au profit des obligations.

- **1998** : Les pays Émergents connaissent une crise provoquant la hausse de leur taux d'emprunts. Le risque de contagion provoque un krach boursier rapidement effacé par le plan de soutien mis en place par les pays industriels.

- **1997 – 2000** : la montée en puissance des nouvelles technologies bouleverse le paysage de la communication, des médias et de la distribution. Une « bulle internet » se met en place.

- **2001 – 2002** : les valeurs TMT (technologie-média-télécommunication) s'effondrent. L'indice spécifique des valeurs technologiques perd près de 90% sur le période. De plus, l'attentat du 11 Septembre ouvre le volet du terrorisme religieux. Ce jour-là, le CAC 40 clôturait sur un repli de 7,39%.

- **2003 – 2007** : la croissance mondiale est tirée par la dynamique des pays émergents.

- **Depuis fin 2007** : la crise des « subprimes » a révélé la limite d'un modèle économique principalement occidental où, depuis une vingtaine d'années, la croissance a été artificiellement soutenue par le développement d'une dette devenue disproportionnée au regard des budgets nationaux.

20/ Investir en actions : titres vifs, SICAV et FCP

<u>Les titres détenus en direct</u> (ou titres vifs):

Vous êtes propriétaire d'actions de la société choisie. Si vous décidez d'être un actionnaire stable de la société, vous pouvez souscrire à des actions nominatives : vous serez alors inscrit dans les registres de la société ce qui apporte ponctuellement quelques avantages, tels que l'exonération de droits de garde ou, parfois, la majoration du dividende après délai de conservation (Air Liquide, Lafarge ou l'Oréal).

Cette forme basique d'actionnariat présente des avantages :

- Vous êtes associé à la vie de la société : ses réussites, ses échecs, son environnement,...
- Vous êtes invités aux Assemblées Générales
- Vous percevez l'intégralité des dividendes
- Les clubs d'actionnaires des grandes sociétés organisent régulièrement des manifestations à but pédagogique et culturel
- Les droits de garde des titres sont faibles voire nuls si vous optez pour des actions nominatives
- Les frais d'achat et de vente sont les conditions de courtage prévues pour votre compte de titres ou PEA (de 0,5 à plus de 1% selon l'intermédiaire)

Elle présente un inconvénient : le risque lié à la société est entier, à la différence des gestions collectives où le risque de chaque entreprise est dilué en proportion de son poids dans le portefeuille.

L'achat et la gestion de titres vifs passent par l'exécution d'ordres de bourse.

Dans ce domaine, il existe différentes techniques très utiles pour piloter une stratégie d'opportunités. Si vous souhaitez acquérir un titre à tout prix, alors vous passerez un « ordre au mieux ». Par contre, si vous visez un titre mais que vous estimez son prix trop élevé, alors vous mettrez une limite à votre achat : je n'achète que si le prix est inférieur à … €; la même chose pour la revente : je ne vends que si le prix est supérieur à …€. C'est ce qu'on appelle les « ordres à cours limite ».

Vous avez aussi la possibilité de protéger vos plus values. Vous avez acheté un titre 100€ et il cote 120€. Ce titre peut encore monter, aussi vous ne souhaitez pas le vendre trop rapidement. Par contre, vous aimeriez protéger ce gain en cas de retournement du marché. Vous pouvez alors mettre en place un « ordre à seuil de déclenchement », anciennement ordre stop, par exemple à 118€ dans notre exemple. La vente se déclenchera si le cours redescend à ce niveau.

Les SICAV et FCP

Vous souscrivez à des parts d'OPCVM (Organisme de Placement Collectif en Valeurs Mobilières) : les SICAV et les Fonds Communs de Placement (FCP). Vous achetez des parts d'un portefeuille qui détient des dizaines voire centaines de lignes de titres. Ce portefeuille est géré par un ou plusieurs professionnels.

La SICAV a une personnalité juridique à part entière alors que le FCP est une copropriété de titres. En règle générale, les SICAV gèrent des tailles de portefeuilles beaucoup plus importantes que les FCP et offrent une information et une liquidité souvent meilleures.

Ces portefeuilles collectifs sont gérés selon des orientations et des objectifs prédéfinis et consultables dans la notice d'information, document agréé par l'AMF.

En termes d'information, le reporting mensuel renseigne sur la gestion et les performances réalisées.

Le cours des SICAV et FCP est établi quotidiennement (sauf certains FCP qui ne cotent qu'une fois par semaine). Ce cours est aussi appelé « valeur liquidative ».

La gamme des SICAV et FCP couvre de multiples orientations :

- Par zones géographiques, française, européenne, zone euro, par pays, avec ou sans exposition aux devises,

- Par taille de valeurs, petites, moyennes et grosses capitalisations,

- Par secteur d'activité,

- Par type de gestion, alternative, flexible, fonds à formule,...

A noter, dans la famille des FCP, les fonds indiciels appelés aussi « trackers » ou ETF (Exchange Traded Funds). L'objectif de ces fonds est de répliquer un indice ; exemple : le tracker CAC 40 aura une performance très proche de l'indice. Le cours du tracker suit l'évolution de son indice de référence à une poignée de secondes près. Son intérêt est de pouvoir acheter ou vendre un indice « au fil de l'eau », à partir de montants modiques. A noter que certains trackers permettent de jouer la baisse du marché, c'est-à-dire que sa valeur monte quand son indice de référence baisse, ou, autrement dit, vous gagnez de l'argent quand les autres en perdent, ...et vice versa !

Les SICAV et FCP sont le plus souvent accessibles à partir de quelques centaines d'euros ; ceci permet de diversifier facilement ses investissements.

Les frais sont de 2 ordres :

- Les frais de souscription peuvent atteindre plus de 4% ;

- Les frais de gestion sont prélevés sur la valeur liquidative ; en gestion actions, ils sont le plus souvent entre 1 et 2% annuels.

Les SICAV et FCP sont regroupés par catégories. Leurs performances sont comparées au sein d'une même catégorie. Toutes les informations relatives aux SICAV et FCP sont accessibles sur des sites spécialisés (www.sicavonline.fr) et aussi sur le site de l'AMF www.amf-france.org

21/ Les supports d'investissement en actions et leur fiscalité

Vous disposez de 3 possibilités, chacune ayant ses propres avantages et limites :

- Le compte de titres : support universel
- Le Plan d'Epargne en Actions (PEA) : limité aux valeurs françaises et de la communauté européenne, avec avantages fiscaux en contrepartie
- Le contrat d'assurance vie multi supports, limité aux SICAV et FCP proposés dans le cadre du contrat.

A coté de ces supports accessibles à toute personne physique majeur, il existe des supports spécifiques aux salariés des entreprises. Ce sont les Plans d'Epargne Entreprise. Nous en dirons 2 mots à la fin de ce paragraphe.

Voici un tableau comparatif des principales caractéristiques de ces trois solutions :

	Compte de titres	**PEA**	**Contrat d'assurance**
Principales caractéristiques	Simple, souple et adaptable : compte individuel ou joint, indivision, personne morale, démembrement,….	Un par personne ; plafond de versement : 132 000€. Durée minimale : 5ans	Celles du contrat d'assurance vie (13) ; durée minimale 8 ans ;
Titres éligibles	Tout titre, français, étrangers, produits dérivés, devises,…	Actions (titres vifs, OPCVM) de l'UE	OPCVM agréés par la Cie d'assurance

	Compte de titres	PEA	Contrat d'assurance
Frais à l'achat	Courtage (titres vifs) ou frais de souscription (OPCVM)	Courtage (titres vifs) ou frais de souscription (OPCVM)	Frais d'arbitrage + frais OPCVM
Frais de gestion	Droits de garde : de 0 à 0,3% selon titres conservés	Droits de garde : de 0 à 0,3% selon titres conservés	Frais de gestion sur Unités de Compte (UC)

La fiscalité applicable (janvier 2012) :

Plus values	Prélèvements Sociaux (PS) 13,5% + taxation 19% = 32,5%	PS = 13,5% + si clôture avant 24 mois : taxation 22,5% ; de 25 à 60 mois : taxation 19%	PS = 13,5% si conservation du contrat au-delà de 8 ans + détails page 51
Dividendes	PS = 13,5% + taxation forfait de 21% = 34,5% ou IR sur 60% des dividendes après abattement de 1525€ pour une personne seule ou 3050€ pour un couple.	Capitalisés = inclus dans la plus value	Capitalisés = inclus dans la plus value

Les Plans d'Epargne Entreprise (PEE)

Ce sont des systèmes collectifs d'épargne mis en place dans le cadre d'une entreprise. Chaque salarié de l'entreprise est libre d'y souscrire ou non. Le PEE de chaque entreprise est régi par un règlement.

En règle générale :

Le PEE peut recevoir, dans la limite du quart du revenu professionnel :

- Les versements volontaires des salariés,
- Les primes d'intéressement et de participation sous conditions,
- Les avoirs des comptes épargne temps,
- L'abondement de l'entreprise selon le règlement du PEE.

Le PEE peut également recevoir les actions gratuites attribuées aux salariés.

Les sommes placées sur le PEE sont bloquées pendant 5 ans ou plus selon le règlement du plan. Il existe cependant des possibilités de sortie anticipée (mariage, naissance, divorce, décès, fin du contrat de travail, acquisition résidence principale, création d'entreprise,…).

Les supports proposés dans le cadre du PEE offrent un éventail entre placements sécurité (monétaires) et dynamiques (actions) via des SICAV ou FCP dont certains peuvent être propres à l'entreprise.

La fiscalité du PEE est similaire à celle du PEA. Lors du retrait total ou partiel dans les conditions de sortie prévues par le règlement, les gains sont soumis aux seuls prélèvements sociaux.

Pour aller plus loin sur ce thème : Guide de l'Actionnaire Salarié de l'Epargne Salariale et de l'Epargne Retraite, Aumage éditions, disponible auprès de la Fédération de l'Actionnariat Salarié (www.fas.asso.fr)

22/ Les fonds communs de placement à risque, FCPI et FIP

Dans la grande famille des actions, les fonds communs de placement à risque (FCPR) occupent une place à part ; leur terrain d'investissement est la PME, c'est-à-dire de petites sociétés non cotées, le plus souvent issues de projets individuels ou de petites équipes, véritables aventures personnelles auxquelles l'épargnant peut ainsi s'associer.

Les FCPR regroupent les Fonds d'Investissement de Proximité (FIP) et les FCP Innovation (FCPI).

- Les FIP sont investis à hauteur d'au moins 60% dans des PME européennes issues de 1, 2 ou 3 régions administratives limitrophes entre elles. Les PME éligibles doivent être assujetties à l'impôt sur les sociétés (IS), employer moins de 250 personnes, et réaliser un chiffre d'affaires inférieur à 50 millions d'euros ; parmi ces 60%, 10% au minimum doivent être investis dans des sociétés de moins de 5 ans ;

- Les FCPI sont investis, pour 60% au moins, dans des sociétés dont le caractère innovant et les perspectives de développement sont reconnus par OSEO innovation (dépenses de recherche d'un montant au moins égal au tiers du chiffre d'affaires ou création de produits, de procédés ou de techniques).

Caractéristiques communes aux FIP et FCPI :

- le solde (jusqu'à 40%) peut être investi en actions, en obligations, en OPCVM ou sur le marché monétaire.

- Les souscriptions ouvrent droit à une réduction d'impôt égale à 18% de leur montant, retenu dans la limite de 12.000 euros (personne seule) ou 24.000 euros (couple soumis à une imposition commune). L'avantage fiscal maximal est donc de 2.160 euros ou 4.320 euros.

- Pour que cet avantage soit définitif, le contribuable doit s'engager à conserver les parts au moins 5 ans à compter de la date de leur souscription.

- La souscription supporte des frais de l'ordre de 4 à 5% de la valeur des parts souscrites, le plus souvent rétrocédées aux distributeurs du produit.

- Par ailleurs, des frais de gestion annuels sont prélevés, de l'ordre de 3 à 4% par an. Ces frais sont élevés en comparaison avec ceux prélevés dans le cadre des autres gestions actions. Ce niveau de frais est justifié par l'implication des gérants de ces fonds dans la connaissance et le suivi des jeunes sociétés qu'ils accompagnent. Leur activité est proche de celle des « business angels » (personnes qui accompagnent les jeunes sociétés, financièrement mais aussi par leur expérience entrepreneuriale).

La performance du FCPR est liée à la présence de « pépites » au sein du portefeuille de PME. Le plus souvent, ce sont seulement 2 ou 3 jeunes sociétés qui vont sortir du lot et permettront aux porteurs de parts de bénéficier d'un résultat satisfaisant au final.

23/ Les produits dérivés et l'effet de levier

On approche ici les techniques utilisées initialement pour protéger (couvrir) un portefeuille, devenues outils de gestion spéculative.

Un produit est dit « dérivé » car sa valeur est dérivée de celle d'une action (mais ce peut être aussi une obligation, des matières premières, des devises,...) appelée l' « actif sous-jacent ».

Les produits dérivés sont des contrats qui fixent à l'avance le prix de l'actif sous-jacent à une échéance donnée.

Exemple : je souscris un contrat d'option de vente qui me permet de vendre dans 3 mois, l'action SPECULOS au cours fixé dès à présent, de 50€. La cotation de SPECULOS au jour de l'émission du produit dérivé est de 40€. L'option de vente à M+ 3 va donc se payer 10€: je suis sûr de pouvoir vendre dans 3 mois à 50€ un titre qui vaut 40€ aujourd'hui sur le marché. En payant 10€ mon option de vente, je fais une opération « blanche » si le cours ne bouge pas.

Par contre, un mois plus tard, l'action (le sous-jacent) vaut 30€ ; l'option de vente (à M + 2) vaudra alors 20€. Conséquence : alors que le titre SPECULOS a perdu 25% de sa valeur, l'option de vente a gagné 100% en passant de 10 à 20€ ! C'est ce qu'on appelle jouer la baisse.

Que se serait-il passé, si, au lieu de baisser, notre titre SPECULOS était passé de 40 à 45€ ? Notre option de vente serait passée de 10 à 5€ soit une perte de 50% ! La perte serait de 100% si la valeur du sous-jacent atteignait 50€.

Ce principe est basé sur l'effet de levier : alors que la valeur du sous-jacent a bougé de 25%, une moins value en l'occurrence, le produit dérivé a bougé de 100%. L'effet de levier (ou « élasticité ») est ici de 4.

Les combinaisons pour jouer la hausse ou la baisse du marché sont infinies. On distingue 2 types essentiels de produits dérivés :

- <u>Les options</u> : c'est le droit (et non l'obligation) d'acquérir (option d'achat ou « call ») ou de vendre (option de vente ou « pull ») un actif sous-jacent pendant une période déterminée, et à un prix fixé à l'avance (prix d'exercice ou « strike »). L'anticipation d'une hausse du sous-jacent conduira à acheter une option d'achat ; l'anticipation d'une baisse conduira à acheter une option de vente (notre exemple). A noter que la perte potentielle, dans certains cas de figure, peut être illimitée. Pour pallier ces risques très importants, les investisseurs non professionnels ont intérêt à utiliser des warrants.

- <u>Les warrants</u> : c'est le même principe que les options (« call warrant » pour jouer la hausse et « put warrant » pour jouer la baisse), mais, contrairement aux options les warrants ne peuvent être vendus à découvert (c'est-à-dire que vous vendez votre option avant de l'avoir acheté....). L'autre élément, concerne l'émetteur : un établissement financier assure la cotation ; les warrants bénéficient donc d'une liquidité supérieure aux options. Les candidats aux produits dérivés doivent aussi s'intéresser aux <u>certificats</u> qui offrent toute une panoplie de stratégies, en jouant sur le niveau de sécurisation du produit.

Les warrants peuvent constituer un complément à un portefeuille de titres vifs ou OPCVM :

- En jouant des secteurs ou valeurs à forte volatilité, sans mobiliser les liquidités équivalentes au prix du sous-jacent. Exemple : vous disposez de 10 000€ et décidez de « sécuriser » -sur le marché obligataire par exemple- 90% de cette somme pour obtenir une valeur de 100% à N+2. Partant de là, vous choisissez de spéculer sur les 10% restants sachant que si vous perdez la totalité de ces 10%, votre capital initial aura été reconstitué par ailleurs.

- En protégeant un portefeuille : vous possédez les sous-jacents en titres vifs. Afin de vous assurer contre un retournement de marché, vous achetez des « put warrants » dont la hausse compensera les pertes éventuelles sur vos titres.

Bien sûr, l'utilisation de produits dérivés à des fins purement spéculatives se fait aux risques et périls de l'audacieux !

24/ Le cas particulier des fonds à formule et produits garantis

Les fonds à formule, ou produits structurés, sont des gestions collectives (OPCVM) constituées d'un cocktail de placements monétaires, obligataires, actions et produits dérivés.

L'objectif est d'obtenir une partie de la hausse d'un indice au terme d'une durée prédéfinie avec une garantie minimale de remboursement du capital placé. Cette garantie de remboursement peut être soumise à des conditions de performance ou non ; on parle de produits garantis si le capital de départ est remboursé quoiqu'il arrive.

Pour tenir cet objectif, ces OPCVM associent des investissements sûrs (marché monétaire ou obligataire) à des produits dérivés à fort effet de levier, et produits de couverture. Au terme, la partie sécurité aura reconstitué le capital placé, alors que les produits dérivés auront permis d'assurer la performance indexée sur un indice (CAC 40, Eurostoxx 50,...).

Ce montage est comparable à une assurance :

- Très rentable si l'événement couvert se produit (baisse du marché sur la période de référence),
- Très coûteux sinon : en situation de marché haussier, la performance finale est souvent nettement en deçà de la performance réelle du marché de référence du fait des frais payés, du renoncement à une partie de la performance et du renoncement aux dividendes.

Ces produits ont une échéance prédéterminée ; or au terme convenu, les conditions de marché ne sont pas forcément les plus favorables pour liquider les positions de ces placements. Il est dommage, sur des marchés volatiles, d'avoir une date de sortie fixe.

Enfin les frais directs et indirects de ce type de montage sont malheureusement peu lisibles, étant plus ou moins confondus avec des primes d'assurance.

25/ Indicateurs de risque et de performance des placements en actions

Nous avons vu (18) les notions de rapport cours / bénéfice ainsi que de rendement. Il s'agit d'indicateurs de prix des actions, également utiles pour la mesure de leur performance.

Dans le cadre des obligations, nous avons également vu la notion de volatilité comme indicateur de risque propre à tout type de placement. En voici le rappel de la définition en relation avec les actions :

La volatilité désigne le risque d'un titre ou d'un OPCVM. Plus elle est élevée, plus la variation du titre dans le temps est susceptible d'être importante.

En matière d'actions, les SICAV investies sur les pays émergents atteignent facilement des volatilités de 30, alors que celles investies sur de grandes valeurs européennes se situent aux environs de 20. Une forte volatilité est associée à des marchés spéculatifs (nouvelles technologies, émergents, matières premières) ou nerveux (attentats, crises,...). L'indice américain de volatilité, le VIX, est aussi appelé « indice de la peur » !

L'indice de volatilité est indiqué dans le reporting mensuel des OPCVM.

La principale mesure de la performance d'un titre ou d'un OPCVM est sa comparaison avec son indice de référence (ou « benchmark »): il existe des indices pour tous les marchés d'actions, par pays, par secteur, par type de valeurs ; exemples : CAC 40, SBF 120, SBF 250, MSCI world (indice mondial), Eurostoxx 50 (50 principales valeurs européennes), Dow Jones Industrial (valeurs industrielles cotées à New York), NASDAQ (valeurs électroniques du marché américain)....

Cet indice de référence est la base d'indicateurs ayant pour objectif de mesurer la pertinence du gérant dans ses choix stratégiques. En voici quelques-uns :

- ***l'alpha*** : il mesure l'écart entre la performance réalisée par le fonds, et celle obtenue par l'indice de référence, qu'il est sensé battre. Un alpha de 3 signifie que le fonds surperforme de 3% son indice de référence. Plus l'alpha est élevé et positif, meilleur est le produit par rapport à son indice et meilleur est son gérant.

- ***le bêta*** : Il mesure la sensibilité d'un fonds par rapport à son indice de référence. Si cet indicateur est proche de 1, le fonds évolue comme son indice ; s'il est supérieur à 1, le fonds amplifie les mouvements ; s'il est inférieur à 1, le fonds amortit les mouvements ; exemple : bêta de 0,92 = si l'indice progresse de 10%, le fonds progresse de 9,2%;

- ***la tracking error*** (TE): cet indicateur mesure le risque de voir la performance de la SICAV dévier de celle de son indice de référence. Il mesure la liberté du gérant par rapport à l'indice ; exemple : si un fonds présente une TE inférieure à 1, alors il s'écarte peu de son indice ; c'est le cas des fonds indiciels (tracker); par contre une TE de 5 indique un écart + ou – de 5% par rapport à l'indice de référence.

NB : tous ces indicateurs sont consultables dans le reporting mensuel des OPCVM.

26/ L'effet moutonnier

Nous quittons la partie technique des actions pour aborder maintenant l'aspect plus stratégique en matière d'investissement.

La Fédération Française des Sociétés d'Assurance (FFSA) a mesuré, sur la période 1998 – 2010, les flux de souscriptions sur les supports en unités de compte (actions principalement) en comparaison avec le niveau du CAC 40.

Les résultats sont éloquents : c'est quand le CAC 40 était à plus de 6000 points (année 2000), que les apports sur les unités de compte ont été les plus importants, dépassant les 35 Mds d'euros. Trois ans plus tard, alors que le CAC 40 cassait les 3000 points, les flux sur les unités de compte étaient divisés par deux !

Ce phénomène est constant et explique l'aversion populaire au marché des actions : statistiquement, les achats se font au plus haut !

Ceci est typique du phénomène « moutonnier » propre à ce marché. Le comportement de l'épargnant est souvent victime d'excès :

- Excès de pessimisme en période de baisse : «c'est la fin des marchés financiers ; je vends tout et je ne toucherai plus à ce marché qui m'a fait perdre de l'argent »,

- Excès d'optimisme en période de hausse : « j'ai gagné 20% en un an ; je ne vois pas ce que j'irai faire ailleurs » ;

L'objectif est de parvenir à sortir de ces cycles qui conduisent à vendre au plus bas et acheter au plus haut, c'est-à-dire l'exact inverse de ce qu'il faudrait faire (mais qui est irréalisable) ! Une stratégie stable, d'investissements réguliers, de frais raisonnables, de réinvestissement des dividendes, d'écrêtage en période haussière, de renfort des positions en période baissière sera plus payante à terme que des achats impulsifs ou au gré de campagnes commerciales.

27/ Stratégies d'investissement en actions

La première étape (17) consiste à définir la quotité de l'épargne allouable à l'investissement en actions, placement volatil en l'occurrence.

Ensuite, il convient de définir son profil d'investisseur en actions :

- Etes-vous sensible à la vie des sociétés, leur histoire, leur stratégie ? Si c'est le cas, privilégiez l'achat de titres vifs dans un PEA, dans la mesure où il s'agit de valeurs européennes bien entendu.

- Vous êtes plutôt ouvert à la macroéconomie, les évolutions des politiques, leurs influences sur les secteurs industriels ? Les SICAV par secteurs, zones géographiques ainsi que les fonds indiciels sont pour vous.

- Vous êtes hermétique à tout ce monde là, cependant vous avez bien conscience que votre patrimoine ne peut pas rester à l'écart de cette classe d'actifs ? Alors la gestion globale, SICAV diversifiées, gestion flexible répondront à vos objectifs.

Prenons 2 exemples de profil d'actionnaire :

1/ Madame Josy ALLAIS a 40 ans, non mariée, profession libérale, et dispose de 30 000€ par an à affecter à un portefeuille d'actions à long terme ; elle a un certain intérêt pour la bourse, que lui a transmis son grand-père, boursicoteur de longue date.

Voici quelques idées de constitution d'un portefeuille à vocation long terme :

- 14 000€ sur 6 valeurs du CAC 40 (voire nominatives) dans un PEA

- 10 000€ sur des SICAV de valeurs internationales via un compte de titres ou contrat d'assurance vie multisupports

- 6 000€ sur des FIP (22)

D'autre part, Josy rejoint un club d'investissement où elle place 50€ par mois.

Cette répartition associe diversification (CAC 40 / FIP, zones géographiques), et choix fiscaux optimisés (PEA, FIP). La poursuite des investissements au cours des prochaines années permettra de compléter les lignes directes, le panachage international, et de bénéficier de nouvelles réductions d'impôt liées au FIP (ou FCPI).... dans la mesure où elles sont maintenues !

2/ Monsieur Jean Raymond PARADIS a 65 ans, est jeune retraité, plutôt artiste qu'économiste, et apprécie les revenus complémentaires pour de petits extras. Avec son conseiller financier, il a estimé son potentiel actions par rapport à son patrimoine, à environ 50 000€. Il commence à songer à sa succession, ayant un fils unique.

Voici deux options :

- Choix d'une dizaine de valeurs ou OPCVM de distribution offrant de bons dividendes, sur compte titre ordinaire avec donation de la nue propriété au fils. Ce démembrement de la propriété permettra à Jean Raymond de recevoir les revenus du portefeuille, et à son fils de bénéficier des plus values.

- Contrat d'assurance multisupports avec diversification fonds général (10 à 15%), SICAV obligataire (10 à 15%), et SICAV actions diversifiées (le solde). Des rachats partiels effectués en priorité sur le fonds général puis sur le poste obligataire permettront à Jean Raymond de bénéficier de compléments de revenus selon les plus values réalisées.

L'INVESTISSEMENT IMMOBILIER :
DE L'EXCELLENT AU TRES DANGEREUX

28/ Les principaux types d'investissement immobilier

La résidence principale et la résidence secondaire constituent l'immobilier dit de « jouissance ». Lorsqu'il s'agit de se constituer un patrimoine en vue d'en retirer des revenus, l'épargnant s'intéresse alors à l'immobilier de rapport. En voici les principales catégories :

- Les logements neufs loués nus : il s'agit de l'investissement en loi « Scellier » : nous ne développerons pas ce cas de figure dans la mesure où cet avantage fiscal devrait être fortement réduit en 2012 et disparaître en 2013. A noter que beaucoup de professionnels de l'immobilier craignent un fort ralentissement des mises en construction, en rapport avec la fin de cette mesure. Par contre, d'autres professionnels voient d'un bon œil la disparition de cette aide fiscale, dont l'effet pervers est une certaine distorsion du marché avec des offres dont le but est de répondre à la recherche de réduction d'impôts, sans forcément prendre en compte les besoins du marché.... ce qui se paie un jour !

- Les logements anciens loués nus,

- Les logements neufs ou anciens loués meublés,

- Les locaux professionnels tels que les bureaux, locaux commerciaux, bâtiments industriels, hangars, parkings, ...

- Les autres investissements immobiliers à statut particulier : dans les DOM TOM, les monuments historiques, l'immobilier en secteur sauvegardé,

Ainsi que la version « gestion collective » associée à l'investissement immobilier : les SCI, SCPI et OPCI

- Très proche de l'immobilier, on trouve également le foncier : forêt, terres agricoles, vigne,.....

Ainsi que la version « gestion collective » : les groupements fonciers forestiers (GFF), agricoles (GFA), viticoles (GFV),…

Nous n'allons pas détailler tout cela, mais il faut savoir que ces marchés ne manquent pas d'intérêt dans une période où l'on s'interroge sur un possible retour de l'inflation.

29/ Particularités du marché immobilier

La démarche d'investissement en immobilier est radicalement différente de l'investissement en actions : alors que trois clics de souris permettent d'acheter ou vendre des actions, les transactions sur l'immobilier prennent du temps. Le formalisme est lourd : visite du bien, étude de ses caractéristiques techniques (être accompagné d'un professionnel du bâtiment est une sage précaution dans l'ancien), projets d'urbanisme à consulter en mairie, projets et décisions de la copropriété... Lorsque la décision d'achat est prise : compromis de vente, diagnostiques, financement et garanties, acte de vente, enregistrement, titre de propriété... Alors que le maître-mot sur le marché des actions est la liquidité, nous sommes ici sur des actifs clairement « immobilisés » : si un mauvais achat d'actions se traduit par de fortes moins values lisibles au quotidien sur les marchés financiers, un mauvais achat immobilier se traduit, dans le pire des cas, par l'impossibilité de vendre son bien !

Les acteurs sont aussi fondamentalement différents : ce sont des professionnels de proximité et complémentaires ce qui est rassurant pour le particulier : professionnels du bâtiment, agents immobiliers, banques, notaires, administration, ...

La contrepartie porte sur les frais ; ils sont importants. Ce sont :

- Pour l'ancien : ceux de l'agence immobilière (3 à 5%) et les frais de mutation (notaire + taxes et impôts soit 7 à 8%),

- Pour le neuf : frais de commercialisation (3 à 5%) + frais de mutation (3 à 4%)

Détails sur www.anil.org (Agence Nationale d'Information sur le Logement), site riche en informations pour tout ce qui concerne l'acquisition ou la location d'un logement.

Tous ces éléments engendrent une meilleure régularité de l'évolution des prix de l'immobilier sur le long terme ; voici celle du prix des appartements parisiens depuis 1980 :

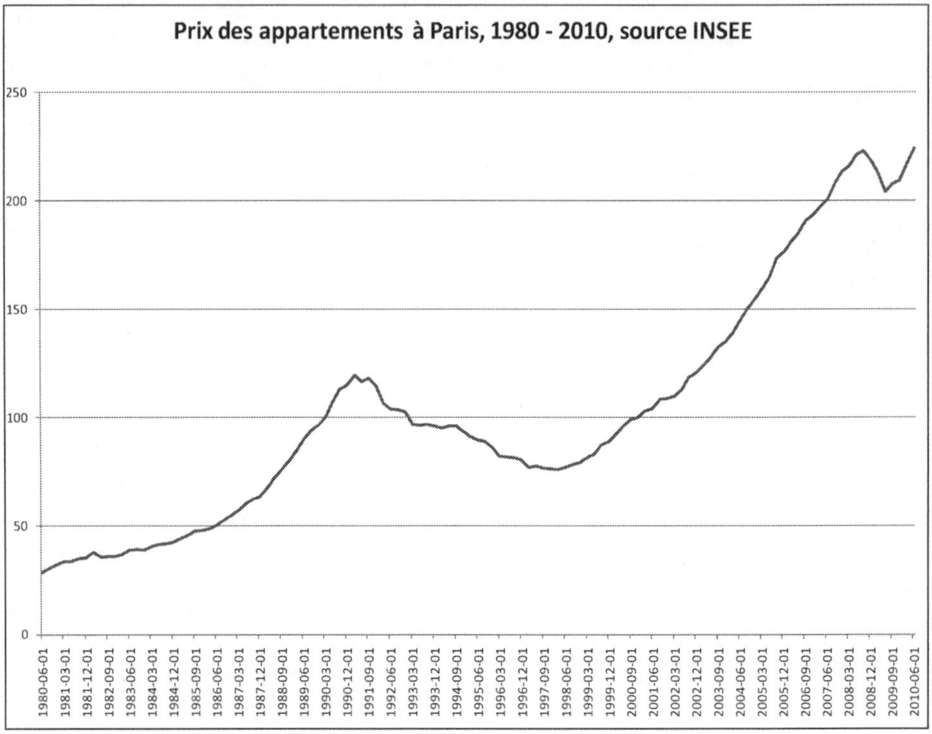

30/ Etre locataire ou devenir propriétaire ?

C'est la première question « patrimoniale » que l'on se pose. Rembourser un emprunt plutôt que payer un loyer permet effectivement de commencer à se constituer un patrimoine immobilier par le jeu du remboursement du capital dans chaque échéance de prêt. Si de surcroît le bien prend de la valeur, alors c'est un bon départ assuré !

Ce schéma est valable sous certaines conditions.

Voici les éléments à prendre en compte :

Si vous optez pour la location :

- Le loyer et son augmentation annuelle selon l'indice INSEE ;
- Les charges locatives (entretien des parties communes par exemple) ;
- Le dépôt de garantie (ou caution) qui sert à couvrir les dépenses en cas de remise en état après le départ, et qui est restitué sinon ;
- Les frais d'agence éventuels ;
- En matière d'impôts locaux, vous aurez la taxe d'habitation si vous êtes dans les lieux au 1er janvier ;
- L'assurance de votre logement en qualité de locataire.

Si vous optez pour l'achat de votre résidence principale :

- Le montant de l'acquisition ;
- Si le logement est ancien, les travaux de réparation et de mise aux normes éventuels : se procurer les comptes rendus des réunions de copropriété le cas échéant ;
- Les frais de mutation (comprend les émoluments du notaire mais aussi les droits et taxes payés au Trésor Public) ;

- La rémunération de l'agent immobilier s'il y a lieu ;
- Le financement et ses intérêts ;
- Les dépenses liées à l'emprunt : frais de dossier, assurances, prise de garantie (caution, hypothèque ou privilège de prêteur de deniers)
- En matière d'impôts locaux vous aurez la taxe foncière et la taxe d'habitation (elles ont fortement progressé par endroit ces derniers temps);
- L'assurance de votre logement en qualité de propriétaire.

A noter que l'achat est engageant ; si vous choisissez cette option, vous devrez aussi vous interroger sur le coût au quotidien : longueur des trajets (travail, garde des enfants) et coût du carburant.

La facilité de revente est à prendre en compte : un logement en centre ville (plus petit pour le même prix) se revendra beaucoup mieux qu'un logement plus grand mais excentré, surtout en période de difficultés économiques.

Vous devrez aussi définir, avec l'aide de votre notaire, qui achète. Si vous êtes célibataire ou un couple marié avec des capitaux communs, cela ne posera pas de problème particulier. Par contre, si l'un des 2 époux dispose de capitaux propres, ou si vous êtes simplement en concubinage, il y aura alors nécessité à bien préparer l'acte de propriété.

Livrons nous à une simulation rapide :

Votre logement idéal est un type 3 de 60m2.

A partir de chiffres relevés dans une presse régionale, voici les hypothèses de travail :

- Vous le louez environ 700€ / mois (réévalués de 2% par an) + 50€ de charges ; dépôt de garantie : 700€ ; taxe d'habitation : 500€ par an
- Ou vous l'achetez 160 000€:

- les frais de mutation s'élèvent à 11 400€ + 964€ de frais d'hypothèques soit 12 364€. Le coût total à financer est de 172 364€ ;

- Vous disposez d'un apport de 22 364€ et vous empruntez 150 000€ sur 20 ans ;

- Vous faites un prêt au taux fixe de 4,2% + assurance : il vous en coûtera environ 1000€ par mois. Dans la réalité, vous veillerez à optimiser votre financement en utilisant le prêt à taux zéro plus (PTZ +), les prêts épargne logement éventuels, prêts employeurs...

- les impôts locaux s'élèveront à 500€ pour la taxe d'habitation et à 750€ pour la taxe foncière.

Faisons le bilan au bout de 3 ans, date à laquelle vous devez quitter votre appartement (mutation professionnelle ou la famille s'agrandit et vous décidez de changer de logement) :

<u>Location</u> : vous aurez payé 25 708€ de loyers + 1 800€ de charges + 1 500€ de taxes d'habitation soit un **total de 29 000€.**

<u>Achat</u> : vous aurez payé 36 000€ d'échéances d'emprunt : le capital restant dû sera alors de 135 134€ c'est-à-dire que vous aurez remboursé 14 866€ de capital et vous aurez payé 21 134€ d'intérêts.

De plus, vous aurez dépensé 22 364€ (votre apport personnel), 1 500€ de taxe d'habitation et 2 250€ de taxe foncière soit **un total de 62 114€.**

Vous aurez ainsi dépensé 33 114€ de plus qu'en location.

NB : votre contrat de prêt peut prévoir des indemnités de remboursement par anticipation (IRA) en cas de crédit immobilier à taux fixe ; ces indemnités sont généralement de 3% soit 135 134€ x 3% = 4 054€. Nous ne les prenons pas en compte ici, par simplification.

A ce stade, 3 hypothèses :

- <u>Le prix de votre appartement est resté stable</u> et vous pouvez le revendre 160 000€ net vendeur. Vous encaissez alors 160 000 – 135 134 =

24 866€ : vous aurez perdu 8 248€ (33 114€ -24 866€) par rapport à la location.

- Le prix de votre appartement a baissé de 10%. Vous ne pouvez le revendre que 144 000€. Vous aurez perdu 24 248€ (33 114€ - (144 000€ - 135 134€)). Dans ce cas, il convient de s'interroger sur l'intérêt de revendre l'appartement ou le conserver et le mettre en location. Les conditions défavorables de revente ne sont peut être que passagères. C'est un risque à prendre qui vous coûtera environ 300€ / mois (loyer encaissé - échéance d'emprunt - taxe foncière - les travaux éventuels incombant au propriétaire - impôts sur le revenu foncier).

- Le prix de l'appartement a augmenté : si vous parvenez à vendre votre appartement 134 134€ + 33 114€ = 168 248€ soit une plus value de 5% par rapport à son prix d'achat, alors vous aurez fait une opération « blanche » entre location ou achat. C'est seulement au-delà de ce prix que l'achat dégagera du bonus.

Cet exemple, hypothétique, sur une durée courte, montre que la réussite de l'option achat est liée à la nécessité d'obtenir une plus value lors de la revente. C'est aléatoire. Cependant plus la durée est longue, plus la balance penche clairement vers l'achat. Ainsi, dans notre exemple, au bout de 6 ans, le capital restant dû serait de 118 000€, de 99 000€ au bout de 9ans… et dans le même temps, la probabilité de plus value du bien augmente.

31/ L'emprunt, élément clé de l'investissement immobilier

Le financement d'un bien immobilier par emprunt est cohérent par nature : vous payez chaque mois un bien dont vous avez l'usage (résidence principale ou secondaire) ou qui vous rapporte un loyer. La durée de l'emprunt (10, 15, 20, 25 ans voire plus) est également en rapport avec la durée de vie du logement qui est censé abriter plusieurs générations.

Nous avons vu le fonctionnement d'une obligation (8) qui est un prêt que l'épargnant accorde à un établissement privé ou publique. Les 3 éléments clés sont, rappelons-le, le taux, la durée et la signature (ou notation de l'émetteur).

Le prêt sollicité par un particulier auprès d'une banque suit la même démarche :

- Le taux : il est fixe ou variable. A taux fixe sur longue période, son indice de référence est le taux des emprunts d'états à 10 ans et plus. Lorsque ceux-ci sont à 3,5% par exemple, les taux pratiqués se situent entre 4 et 4,5%. A taux variable, l'indice de référence est un taux court, EONIA ou EURIBOR(1). L'EURIBOR 3 mois était à 1,6% à mi 2011. Ajouter la marge de la Banque à ce taux. Par précaution, afin d'éviter que, par la hausse des taux, le coût d'un financement à taux variable ne devienne insupportable pour l'emprunteur, les taux variables sont souvent « capés » : ils ont un taux plafond. Cette assurance a un coût bien entendu.

- La durée : en matière de crédit immobilier, la durée va de 5 à 30 ans. Elle est fonction de l'âge de l'emprunteur, et aussi de sa capacité de remboursement. L'allongement de la durée permet une réduction de l'échéance mensuelle. Par contre le taux est majoré sur des durées plus longues. Exemple à Juillet 2011 (conditions moyennes) : pour 100 000€ empruntés, sur 15 ans, le taux est de 3,90% et l'échéance mensuelle de 734,10€. Si on multiplie par 2 la durée, l'échéance n'est pas divisée par 2 pour autant : le taux sera de 4,5% sur 30 ans soit une échéance mensuelle de 506,50€ !

- La signature : c'est la notation (ou scoring) de l'emprunteur : situation professionnelle et familiale, stabilité, employeur, ancienneté, apport personnel, patrimoine existant, qualité de la garantie apportée,…. meilleure est la notation, plus bas est le taux !

La différence essentielle entre une obligation et un emprunt fait par un particulier auprès d'une banque, est son amortissement (modalité de remboursement du capital) :

- Dans le cas d'une obligation, le capital est remboursé au terme de l'emprunt : chaque année, l'émetteur paie un coupon à l'épargnant correspondant au montant des intérêts. Ce mécanisme est identique au prêt « in fine », utilisé le plus souvent dans le cadre d'investissement locatif, que nous allons détailler fiche 32.

- Dans le cas d'un prêt classique, ou amortissable, chaque échéance de prêt est constituée d'une part d'intérêts et d'une part de capital. Le capital emprunté (ou capital restant dû) diminue à chaque échéance pour arriver à zéro au terme de l'emprunt.

Le recours à un emprunt est un engagement à long terme ; ses caractéristiques doivent être soigneusement déterminées pour une meilleure sérénité :

Pour l'achat de votre résidence principale :

1/ définissez le montant de vos échéances mensuelles en proportion avec vos revenus. En règle générale, celui-ci ne doit pas dépasser 1/3 de vos revenus nets.

2/ définissez le montant de votre apport personnel : il est préférable de conserver une épargne de précaution de 2 ou 3 mois de revenus en cas de coup dur. Pensez à débloquer votre épargne salariale (Plan d'Epargne Entreprise).

3/ soyez prudents avec les prêts à taux variables : les conditions actuelles permettent d'emprunter plus à taux variable qu'à taux fixe ; mais attention, vos échéances évolueront dans le temps au gré de l'évolution des taux d'intérêt de référence... Veillez à mettre une barrière à la hausse des intérêts à payer (cap).

4/ optimisez les prêts à conditions préférentielles : prêt à taux zéro plus (PTZ) en priorité.

5/ optimisez le coût de la garantie : une caution sera moins chère qu'un privilège de prêteur de deniers (PPD), lui-même moins cher qu'une hypothèque.

6/ si vous devez rembourser votre prêt par anticipation, alors vous aurez, dans certains cas, des indemnités de remboursement par anticipation (prêt à taux fixe en particulier). Ces indemnités ne sont pas prélevées dans le cas de prêt à taux variable. A mettre dans la balance entre taux fixe et taux variable en particulier si vous êtes à peu près certain de devoir changer de logement assez rapidement.

7/ Les frais de dossier font partie de la négociation dans les conditions du financement. Demandez le coût global de ce que vous allez payer afin de bien comparer.

8/L'assurance est indispensable dans le cas d'une résidence principale ; mais attention de ne payer que le juste prix (chassez les options inutiles).

Pour l'achat d'un logement destiné à la location :

Les modalités de financement doivent tenir compte du montage financier et fiscal de l'opération. Nous verrons dans la fiche suivante (32) des simulations d'investissement dans les cas classiques d'achat d'un logement ancien.

Voici quelques mises en garde cependant pour la définition d'un emprunt en vue de l'acquisition d'un logement destiné à la location :

- Attention aux budgets trop serrés : le vendeur du placement immobilier pourra être tenté de faire entrer votre budget « au chausse pied » pour finaliser sa vente. Il est préférable de revoir à la baisse le montant d'un investissement immobilier de rapport plutôt que de devoir grever plus ou moins lourdement son budget familial. Il y a eu (et il y aura ?) des situations dramatiques avec la loi Scellier par exemple : l'immeuble ne trouvant pas de locataire dans les 12 mois suivant son achèvement, la punition est double pour l'acquéreur : pas de loyer pour faire face aux échéances d'emprunt, mais, de plus, remise en cause de la réduction d'impôt (source : mémento pratique Francis Lefèbvre Fiscal 2011, § 2814). Vous voyez ce que cela peut donner sur le budget familial…

- Etre attentif au taux d'endettement : le financement d'un logement destiné à la location recherchera plus ou moins l'autofinancement : si les loyers sont de 850€ par mois, mes échéances seront, par exemple, de 800€. C'est logique ! Sauf que, si mon revenu net mensuel est de 3000€ par mois, ma capacité d'emprunt (par exemple pour acheter ma résidence principale) sera initialement d'un tiers soit 1 000€. Or quel sera le calcul du banquier après votre opération immobilière locative ?
  Revenus : 3000 + 850 = 3850€
  soit une capacité d'emprunt de 3850 x 1/3 = 1283€
  nouvelle échéance possible = 1283 – 800 = 483€ (au lieu de 1000€) !

32/ Acheter un logement ancien et le mettre en location

Cet investissement est particulièrement adapté à la constitution d'un patrimoine locatif, pour qui veut bien prendre ses affaires en main et ne craint pas la gestion nécessitée par ce type de bien : pilotage des travaux de rénovation éventuels, gestion des locataires,.... Il est toujours possible de sous-traiter ces opérations à des professionnels. Ceci est valable pour un parc locatif important. Par contre, s'il s'agit d'un simple studio, alors le coût peut rapidement consommer la rentabilité de l'opération.

Vous trouverez sur le site de l'UNPI (Union Nationale de la Propriété Immobilière) www.unpi.org, toutes les informations et documents pour gérer vous-même votre bien.

L'ancien présente des qualités spécifiques :

- Le choix est très large, aussi bien en centre ville qu'en zones périphérique et rurale,
- Le prix au m2 est moins élevé que dans le neuf, et par conséquent, la rentabilité y est souvent bien meilleure,
- Des biens à petits prix (studios, chambres de bonne) permettent de démarrer l'investissement immobilier en limitant le risque financier,
- Les travaux sont déductibles des revenus fonciers mais aussi du revenu global dans certaines limites.

Les inconvénients sont principalement constitués par le risque de travaux imprévus et les problèmes locatifs éventuels.

Les éléments à prendre en compte pout l'achat d'un logement à but locatif sont sensiblement les mêmes que pour l'achat de la résidence principale :

- La localisation est primordiale : le risque principal de l'opération étant l'absence de locataire, il est essentiel de viser un emplacement à fort potentiel locatif, dans une ville ou un quartier en expansion ;

- le marché local : il n'est pas rare, dans un même quartier, d'avoir des micros marchés ; un logement pourra avoir une forte demande locative dans une rue. Le même type de logement restera vide deux rues plus loin. Les nuisances éventuelles ne sont détectables qu'après une visite approfondie du secteur.

- les projets d'urbanisme à consulter en mairie ;

- les travaux de réparation et de mise aux normes éventuels : si le logement est dans une copropriété, il est indispensable de se procurer les comptes rendus des dernières réunions afin de connaître les projets de travaux, décidés ou en discussion.

- le marché locatif du secteur, les loyers pratiqués ;

- Les frais de mutation (comprend les émoluments du notaire mais aussi les droits et taxes payés au Trésor Public) ;

- La rémunération éventuelle de l'agent immobilier ;

- Le financement et ses intérêts ;

- Les dépenses liées à l'emprunt : frais de dossier, assurances, prise de garantie (caution, hypothèque ou privilège de prêteur de deniers)

- la taxe foncière,

- L'assurance de votre logement en qualité de propriétaire non occupant.

Exemple chiffré d'un investissement locatif dans de l'ancien :

Achat d'un Type 2 de 45 m2, en bon état, au prix de <u>126 000€</u> Toutes Charges Comprises soit 2800€ / m2.

Financement : <u>apport de 16 000€</u> et <u>emprunt de 110 000€</u> sur 15 ans (180 mois), au taux fixe, y compris l'assurance, de 4,5%.

- Le remboursement mensuel sera de 841,50€.

- Au terme des 15 ans, vous aurez payé 151 469€ dont 110 000€ de capital et 41 469€ d'intérêts et assurance.

Loyers : 578€ / mois soit une rentabilité brute de 5,5%.

- Par hypothèse, la revalorisation des loyers sera de 2% / an ;

- les revenus bruts sur 15 ans seront de 120 000€ (s'il n'y a pas de carence locative pendant les 15 ans);

Fiscalité : vous optez pour le régime du microfoncier (applicable lorsque le revenu brut foncier annuel est inférieur à 15 000€, chiffre 2011)

- les revenus imposables, sur 15 ans, seront de 70% x 120 000 = 84000€; si le taux marginal d'imposition est de 14% auquel s'ajoutent les prélèvements sociaux de 13,5% soit une imposition totale de 27,5%, alors l'impôt payé sur 15 ans sera de 84 000 x 27,5% = 23 100€

Taxe foncière : 700€, réévaluée de 2% par an, soit 12 105€ sur 15 ans

Au terme des 15 ans :

Vous aurez encaissé **120 000€ de loyers**

Vous aurez dépensé :

- 16 000€ d'apport

- 151 469€ de remboursement d'emprunt

- 23 100€ d'impôts

- 12 105€ de taxes foncières

Soit au total : 202 674€

Le solde est donc un coût net de 120 000€ - 202 674€ = - **82 674€** ou 16 000€ d'apport + 370,41€ par mois en moyenne.

Imaginons que le logement ait bénéficié d'une plus value moyenne de 2% par an sur la période : sa valeur sera de **169 580€** au terme de l'opération.

Selon ces hypothèses, le taux de rendement final de l'opération est de **7,38%** (ce taux a une valeur pédagogique par la méthode utilisée pour sa détermination. Il ne saurait constituer une indication de rendement pour ce type d'investissement. Des éléments comme les travaux d'entretien, l'assurance, les frais de gestion… n'ont pas été pris en compte. La détermination du rendement prévisionnel d'un projet immobilier doit faire l'objet d'une approche spécifique).

Ce calcul ne prend pas en compte la taxation des plus values, ce logement pouvant être conservé et procurer un complément de revenus.

Conditions de réussite (ou zones de risques éventuels) :

- Un bon taux d'occupation ;
- Des charges d'entretien « normales »
- Une pression fiscale contrôlée : dans l'exemple, le taux marginal d'imposition est de 14%; si ce taux venait à augmenter sensiblement (augmentation des revenus) la stratégie serait alors à revoir (revente, apport du bien à une SCI, donation, …?).

Les atouts du crédit « in fine » ou comment accroître l'effet de levier pour les personnes fortement imposables :

En matière d'investissement patrimonial à but locatif, il convient de signaler ici, les conditions particulières des financements avec différé de paiement du capital, appelés « prêts in fine » : vous ne payez que les intérêts d'emprunt pendant toute la durée du prêt. A la dernière échéance, vous payez la totalité du capital emprunté.

Cette formule, très performante fiscalement, accroît l'effet de levier : elle amplifie les gains… ou les pertes !

Quel est son fonctionnement ?

Vous achetez un appartement en vue de sa location pour 200 000€ lequel générera 833€ de loyer mensuel soit 10 000€ de revenus fonciers annuels (rentabilité brute de 5%). Par simplification nous ne prendrons pas en compte les taxes, assurances…

Vous disposez de 100 000€ d'apport.

1ère option : vous demandez un financement classique de 100 000€, amortissable sur 15 ans, au taux préférentiel de 3,8% :

- votre échéance mensuelle sera de 730€. Vos revenus fonciers nets seront de 6 288€ (loyers 10 000€ - intérêts d'emprunt de 3 712€ la première année) Si vous êtes imposé au taux marginal de 40%, la facture fiscale s'élèvera à 6 288€ x (40 + 13,5 (PS))% = 3364€. Cette facture augmentera chaque année, dans la mesure où le montant des intérêts (charges) ira en diminuant, alors que les loyers (recettes) augmenteront. La rentabilité de votre opération sera médiocre : après impôt, elle tombe vers 2%.

2ème option : vous demandez un prêt « in fine » de 200 000€, au taux de 4,2% sur 15 ans (les taux des crédits in fine sont généralement plus élevés que les taux des crédits amortissables) :

- vous paierez 8 400€ (200 000 x 4,2%) d'intérêts par an, soit des mensualités de 700€. Vos revenus fonciers imposables de la première année ne seront plus que de 10 000 – 8 400 = 1 600€ ; la facture fiscale sera de 856€ (avec un TMI de 40% + PS de 13,5%). Son augmentation annuelle ne sera liée qu'à l'augmentation des loyers, les intérêts d'emprunt restant stables pendant les 15 ans.

- vous disposerez de votre apport de 100 000€ qui pourra être placé et générera ainsi des intérêts. Si vous parvenez à avoir un rendement net de 4,73% en moyenne par an, votre capital aura doublé au terme des 15 ans.

Attention : avec cette 2ème option, vous aurez à payer le capital emprunté, de 200 000€ au terme des 15 ans. Pour cela, vous aurez 2 solutions :

- Vous vendez l'appartement (et vous payez la taxe sur les plus value)
- Ou vous utilisez les 200 000€ issus du placement de votre apport, rémunéré à 4,73% / an !

Ce montage est valable si vous êtes fortement imposable pendant toute la durée de l'opération. Il nécessite également de disposer d'un patrimoine important, permettant d'absorber un éventuel effet de levier négatif…

33/ Investir via une SCI

SCI = Société Civile Immobilière :

Société : c'est la réunion de 2 ou plusieurs personnes qui partagent le même objectif ; en l'occurrence, il s'agit d'acquérir et gérer un ou plusieurs biens immobiliers ; cette notion de « même objectif » est essentielle pour le bon fonctionnement de la SCI. Il est préférable que tous les associés soient sur la même longueur d'onde : qualité des travaux, choix des locataires, distribution des revenus ou réinvestissement des loyers,….

Cette société fonctionne comme toutes les autres :

- **statuts** réglant les relations entre associés, leur remplacement éventuel, la désignation du gérant et ses pouvoirs, la division en parts… Le conseil d'un notaire ou d'un avocat est vivement souhaité.
- tenue d'une **comptabilité**, établissement d'un bilan, attribution des revenus aux associés selon leur quote-part, déclaration fiscale (à établir avec un comptable, si nécessaire),
- **assemblées générales** ordinaires et extraordinaires.

Civile : cette notion se traduit par des opérations similaires à celles qu'un particulier ferait dans le cadre d'une gestion patrimoniale de « père de famille » : acquisition ou construction d'un logement, option pour le bénéfice des dispositions de la loi Scellier ou non, bénéfice des avantages fiscaux liés aux monuments historiques, DOM TOM, … gestion locative, revente d'un appartement le cas échéant….

Les revenus fonciers et plus values réalisées dans le cadre de la SCI sont répartis entre les associés, au prorata de leurs parts. Chaque associé intègre ensuite sa quote part à ses autres revenus. C'est ce que l'on appelle la

« transparence fiscale » : la SCI n'a pas d'imposition propre, mais seulement au travers de ses associés.

Par exception à ce statut civil, une SCI peut opter pour l'impôt sur les sociétés : l'impôt est alors payé par la SCI et les associés perçoivent des dividendes (idem actions). Cette option accompagne le plus souvent des investissements eux-mêmes à caractère professionnels (locaux commerciaux, bureaux,..). Elle permet de réduire la pression fiscale pour des investissements à fort rendement par le jeu des amortissements. Par contre, la fiscalité des plus values devient bien moins avantageuse. Cette option est irrévocable. Il convient de bien l'étudier avec votre comptable avant de la choisir. Elle doit être votée en assemblée générale, à l'unanimité des associés.

Immobilière = tout type d'immeubles. Les SCI constituent un outil performant pour l'acquisition de biens, le plus souvent parce que leur valeur est très élevée et représente un investissement disproportionné au regard du patrimoine d'un particulier : immeubles de bureaux, locaux commerciaux, investissements outre-mer... Ce peut être aussi par souci de division du risque.

A noter que le principe de la Société Civile s'adapte également à la gestion de valeurs mobilières : il s'agit alors de Sociétés Civiles de Portefeuilles (SCP). Les caractéristiques en terme de gestion et d'impôt (transparence fiscale) sont identiques à celles des SCI.

Exemples d'utilisation de la SCI

Gestion : une famille se retrouve en propriété indivise sur des biens immobiliers familiaux. De surcroît, certains peuvent être simplement nus propriétaires, d'autres usufruitiers (les parents le plus souvent), d'autres enfin peuvent avoir une part en pleine propriété. Cette situation d'indivision est quelquefois lourde à gérer. Pour éviter les tensions, il est alors préférable d'apporter l'immeuble à une SCI, dont les statuts, la désignation d'un gérant, la comptabilité, et les assemblées générales clarifieront les relations.

Transmission : la division de la propriété d'un immeuble en parts de SCI facilite sa transmission entre générations. Il n'est pas rare aujourd'hui que quatre générations se côtoient. La donation progressive de la nue propriété de parts de SCI, au rythme de la reconstitution des abattements entre génération permet d'optimiser la transmission de patrimoines importants. On peut aussi imaginer des schémas ponctuels et originaux comme la donation d'un usufruit temporaire par les grands-parents, à leur petit-fils pendant le temps de ses études....

Investissement diversifié : un groupe d'amis d'âge et de situation professionnelle assez proches s'intéresse à l'investissement immobilier de rapport. Si chacun fait son opération dans son coin, l'un aura un budget (apport + capacité d'emprunt) de 150 000€, l'autre de 80 000€, l'autre de 250 000€... En réunissant leurs moyens au sein d'une SCI, ils disposeront d'une capacité financière de plusieurs centaines de milliers d'euros, voire de plus d'un million, qui leur apportera un choix d'investissement et une capacité de négociation, à l'achat mais aussi pour le financement, bien meilleurs. On retrouve ici l'esprit des clubs d'investissement, évoqués dans le cadre de l'investissement en actions, où le partage d'expériences, la répartition des tâches, la complémentarité sont les meilleurs atouts pour réussir sur des marchés assez techniques.

Les frais

Coût de constitution d'une SCI : il s'agit des frais de dépôt des statuts au greffe du tribunal et les coûts de publication dans un journal d'annonces légales. A ces frais administratifs peu onéreux, il convient d'ajouter les honoraires de conseil d'un notaire ou d'un avocat, indispensables pour les situations complexes. Ensuite, si des apports sont réalisés par des associés, il faudra acquitter des droits d'enregistrement.

Les autres opérations engagées par la SCI telles que l'achat ou la vente de biens immobiliers ou le recours à des financements, ont des coûts identiques à ceux supportés par un particulier.

34/ La « pierre papier » : SCPI et OPCI

SCPI = Société Civile de Placement Immobilier : la différence avec la SCI ne tient qu'à un mot : « placement ». Ceci signifie que la SCPI fait appel public à l'épargne, ce qui est interdit aux SCI.

Cette nuance est essentielle : les SCPI vont réunir des centaines voire des milliers d'associés ce qui conduit à des règles de fonctionnement adaptées :

- Chaque SCPI doit définir ses objectifs de gestion et le type d'immobilier choisi (habitation, bureau, commerces, France ou étranger, neuf ou ancien, ...) afin que l'épargnant définisse sa stratégie d'investissement en connaissance de cause.

- Le lancement d'une nouvelle SCPI est soumise à l'Autorité des Marchés Financiers qui est attentive au respect de la réglementation et aux informations communiquées, conditions de son agrément.

- La gérance est assurée par des professionnels, dont l'activité est entièrement consacrée à la gestion d'une ou plusieurs SCPI. Bien entendu, ces professionnels sont rémunérés ce qui constitue une source de charges propres à cet investissement.

- Les parts de SCPI sont distribués par des réseaux commerciaux, banques et conseillers indépendants principalement. Les distributeurs sont rémunérés par des commissions prélevées lors de la vente des parts.

- Les parts de SCPI ont une valeur unitaire faible. Cet investissement est accessible pour des montants modestes, de quelques milliers d'euros.

- La SCPI a des obligations d'information envers ses associés : un bulletin sur les opérations réalisées, la situation locative des logements, ... est émis périodiquement (trimestre généralement).

- La distribution des revenus (loyers) se fait, le plus souvent, par acomptes trimestriels. Chaque début d'année, le bilan des recettes et dépenses est établi par la gérance et le solde des revenus est alors distribué.

- La comptabilité est certifiée par un Commissaire aux comptes.
- La gérance adresse en début d'année, à chaque associé, le montant des loyers à déclarer. Si l'associé n'a pas d'autres revenus fonciers, il aura simplement à compléter sa déclaration de revenus, sans passer par une déclaration de revenus fonciers.
- Les demandes de cession de parts sont fréquentes : la gérance de la SCPI doit organiser le marché secondaire où acheteurs et vendeurs vont se rencontrer. Cette confrontation se fait à périodes régulières, mensuellement le plus souvent, et permet d'établir ainsi un prix d'échange, indicateur de l'évolution du prix de la part.
- La gérance fait procéder régulièrement à des expertises de la valeur du patrimoine de la SCPI afin d'éclairer les associés sur l'évolution de la valeur de leur placement.

Autres règles, communes avec les SCI :

- Assemblée générale ordinaire annuelle et extraordinaire si besoin ; mais alors que l'AG d'une SCI se tient dans la salle à manger familiale, l'AG de certaines SCPI se tient dans des salles de congrès !
- Transparence fiscale des revenus et plus values (la SCPI ne paie pas d'impôt, mais chaque associé est imposé au prorata des parts détenus)

De part leurs dimensions, les SCPI collectent des montants qui permettent fréquemment des investissements de plusieurs millions d'euros : sièges sociaux de grandes entreprises, locaux d'administrations, immeubles d'habitations entiers, immeubles de prestige,.... inaccessibles aux particuliers. C'est l'un des atouts majeurs de la SCPI.

Idées d'investissement en parts de SCPI

L'acquisition de parts de SCPI peut se faire au comptant : cela intéressera les personnes, peu imposées, qui désirent recevoir des revenus trimestriels indexés. Bonne formule pour un complément de retraite par exemple.

A crédit : montage comparable aux simulations précédentes. Cette solution intéressera les personnes en constitution de patrimoine, qui n'ont pas envie (ou pas le temps) de gérer un patrimoine immobilier en direct.

Enfin, les parts de SCPI sont aussi des outils de transmission de patrimoine de la même manière que les SCI.

Les frais :

- Achat : commissions reversées au distributeur + prime d'émission
- Gestion : principalement rémunération de la gérance, de 6 à 10% / an
- Cession : lorsqu'elle s'effectue par l'intermédiaire de la SCPI
- Droit d'enregistrement lors de la cession des parts : 4,80%

Performances 2010 des SCPI

Catégories de SCPI	Rendement 2010	Evolution 2010 du prix de la part
Classiques diversifiées	5,67%	5,69%
régionales	6,04%	5,25%
Internationales diversifiées	5,57%	0%
Murs de magasins	5,63%	5,17%
Plus values	4,29%	4,85%
Total des SCPI	5,63%	5,52%

source IEIF : Institut de l'Epargne Immobilière et Foncière www.ieif.fr

Les OPCI

Il s'agit d'Organisme de Placement Collectif en Immobilier dont la forme juridique est plus proche des OPCVM (SICAV et Fonds Communs de Placement) évoqués dans le cadre des marchés financiers.

Les OPCI ont été créés en 2005 ; leur démarrage effectif est assez récent ; ce produit peine à trouver sa place dans la constitution d'un patrimoine, de par sa mixité, valeurs mobilières-immobilier.

Les investissements réalisés par l'OPCI sont :

- au minimum de 60% en immobiliers (contre 95% pour les SCPI).
- 10% au moins sous forme de liquidités pour faire face aux demandes de retrait (la liquidité est un point fort de l'OPCI).
- Le solde est diversifié en actions ou obligations.

L'OPCI peut s'endetter à hauteur de 40% des actifs immobiliers détenus afin d'exercer un effet de levier sur les investissements.

Ces règles offrent une souplesse de gestion supérieure à celle des SCPI. Mais elles risquent, en contrepartie, d'être moins « lisibles » que les SCPI.

L'une des originalités de l'OPCI est de permettre de choisir le régime fiscal entre celui des revenus fonciers ou celui des revenus de capitaux mobiliers. Cette option ouvre de nouvelles possibilités aux personnes fortement imposées. Votre comptable vous aidera à définir l'option la mieux adaptée.

Les performances réalisées par les premiers OPCI, et la capacité de leurs gérants à bien jouer les opportunités actions – immobilier – emprunts, seront déterminantes pour le développement de ce produit, lequel demande à être mieux connu, déjà par les conseillers financiers.

35/ La location meublée professionnelle et non professionnelle

L'opération qui consiste à équiper un logement (meubles et appareils ménagers permettant d'y vivre) afin d'accueillir des touristes (résidences de tourismes, locations saisonnières, chambres d'hôtes) des étudiants (résidences étudiantes) des personnes âgées (EHPAD = Etablissement pour l'Hébergement des Personnes Agées Dépendantes) ou autres personnes en recherche de prestations quasi hôtelière (résidences de services), relève du statut de commerçant plutôt que d'une activité « civile ».

Le statut LMP (Loueur de meublés professionnel) est accordé aux personnes qui remplissent les trois conditions suivantes :

- L'un des membres du foyer fiscal est inscrit en cette qualité au registre du commerce et des sociétés ;
- Les recettes annuelles tirées de cette activité sont supérieures à 23 000€ ;
- Ces recettes excèdent les autres revenus professionnels du foyer fiscal : cette troisième condition, mise en place en 2009, a fait perdre beaucoup d'intérêt au statut LMP.

Ce statut, comme toute activité professionnelle, permet :

- d'imputer le déficit d'exploitation (l'amortissement des investissements immobiliers et mobiliers contribuent à ce déficit) sur les autres revenus du foyer fiscal ;
- d'échapper à l'impôt sur les plus values, dans la mesure où le chiffre d'affaire réalisé n'a pas dépassé 250 000€ ;
- d'échapper à l'ISF pour la valeur des biens nécessaires à l'exploitation ;
- de bénéficier d'avantages en matière de transmission.

Les personnes qui ne respectent pas l'une de ces conditions sont considérées comme loueur de meublés non professionnel (LMNP).

En matière de TVA, les statuts LMP et LMNP permettent de récupérer cette taxe en cas d'acquisition d'un logement neuf sous trois conditions :

- le logement doit être situé dans une résidence avec services ou de tourisme classée ;
- l'investisseur-exploitant doit offrir les services para-hôteliers de fourniture du linge de maison, petits déjeuners, accueil - gardiennage et entretien des parties privatives, ou passer un bail commercial d'au moins 9 ans avec un exploitant offrant ces services ;
- les loyers perçus doivent être soumis à la T.V.A.

L'investissement sous statut LMP ou LMNP présente des particularités qu'il convient de ne pas perdre de vue :

- cette activité a un statut « commercial » ce qui implique des contraintes comptables ;
- le prix d'achat de ce type de logement comprend une quote-part des parties communes ; le prix ramené au m2 est largement supérieur à un bien immobilier « classique » ;
- la revente est limitée à un marché souvent étroit : ce type de bien reste définitivement lié à l'exploitation commerciale, sauf restructuration lourde.
- Ces bâtiments sont conçus pour être très fonctionnels et accueillir du public ; ils nécessitent régulièrement des travaux d'entretien et de mise aux normes.

36/ Stratégies d'investissement en immobilier

L'immobilier a régulièrement un rôle d'amortisseur en période de crise financière. Les investisseurs, privés ou institutionnels privilégient cette classe d'actifs lorsque les marchés financiers sont jugés comme trop risqués. Il s'en suit une hausse des prix soutenue et mécaniquement une baisse de la rentabilité. Il convient d'être attentif, là aussi, aux excès que pourrait générer cette situation et à la correction qui pourrait s'en suivre comme cela a été le cas au milieu des années 90 : alors que le marché des actions avançait « tambour battant », le marché immobilier et particulièrement celui d'entreprise (bureaux) connaissait une période de baisse des prix. La période actuelle pourrait déboucher à nouveau sur un tel scénario. Nous avons vu l'effet moutonnier en matière d'actions. L'immobilier n'échappe pas à ce phénomène, mais reste néanmoins bien moins volatil que les actions.

Ce tour d'horizon des investissements immobiliers accessibles aux particuliers a permis de constater que les solutions et montages sont nombreux, de la SCPI pour quelques milliers d'euros, à l'investissement de plusieurs millions d'euros.

Investir dans l'immobilier de rapport c'est d'abord choisir la formule qui correspond le mieux à sa personnalité et à ses objectifs patrimoniaux. Il est indispensable de prendre le temps de s'informer, comparer, négocier et d'ouvrir le champ des possibilités, si besoin auprès de plusieurs cabinets ou conseillers.

Voici quelques pistes d'investissement en liaison avec la situation patrimoniale :

- un jeune couple qui n'acquiert pas sa résidence principale, le plus souvent pour des raisons professionnelles (mobilité fréquente), mais qui souhaite cependant se constituer un patrimoine immobilier, pourra s'intéresser à l'acquisition de parts de SCPI à crédit. Cette option offre, pour celui qui n'a pas la possibilité de s'occuper de son bien, une meilleure sécurité par la diversification du patrimoine, la gestion assurée par des professionnels, et la possibilité de revendre, diviser, ou acquérir de nouvelles parts selon les aléas familiaux.

- Les personnes d'âge plus mûr, assez stables professionnellement, qui souhaitent se constituer un patrimoine immobilier afin de compléter leur retraite, sans alourdir leur facture fiscale pendant leur activité, ont un large éventail de stratégies : immobilier ancien avec travaux, voire en loi Malraux pour les plus imposés, immobilier neuf ou ancien meublé, constitution de SCI avec un petit groupe d'amis pour investir dans des murs commerciaux ou immeubles à usage professionnels....

- Les retraités qui recherchent des compléments de revenus tout en veillant à transmettre progressivement leur patrimoine à leurs héritiers, trouveront satisfaction dans l'immobilier d'habitation loué nu, que ce soit en direct (préférable si l'on peut s'en occuper) ou via des SCPI. Le risque économique sera moins élevé que dans l'immobilier professionnel ou le logement meublé. Il convient de privilégier des emplacements « centre ville » ou proche, pour un meilleur taux d'occupation. Quant à l'aspect transmission, il s'optimise par la donation de la nue propriété aux héritiers potentiels. Voir votre notaire sur ce point.

LA NOTION DE RISQUE

37/ Définir les risques en matière de placement

L'appréciation du risque est au centre de la démarche d'analyse d'une stratégie de placement.

L'objectif permanent des épargnants, et de leurs conseillers, est de réaliser la meilleure performance financière avec le minimum de risque. Or, vouloir gagner plus, c'est nécessairement accepter de prendre plus de risque. Il est établi que le risque paie : les comparatifs autour de la performance des placements que nous venons de voir (monétaire, obligataire, actions et immobilier) reviennent régulièrement aux mêmes conclusions : sur longue période, 20 ans, le monétaire reste scotché à des niveaux bas, l'obligataire fait un petit peu mieux, les actions, l'immobilier et ponctuellement l'or prennent à tour de rôle la tête du classement.

Voici les rentabilités réelles (c'est-à-dire au-delà du taux d'inflation) annuelles moyennes, de 1950 à 2008 des trois classes d'actifs financiers en France (source OCDE) :

	1950 – 2008	1950 - 1980	1980 – 2008
Actions	6,5%	5,2%	7,8%
Obligations	4,8%	2,0%	7,8%
Monétaire	0,0%	-2,3%	2,4%

Les actions obtiennent les meilleures performances, sauf sur la période 1980 – 2008 où elles sont rejointes par les obligations, actif moins risqué, mais qui a bénéficié d'une baisse des taux exceptionnelle sur la période (8).

La mesure du risque

Elle reste un exercice difficile :

- Il est souvent admis que la volatilité d'un placement mesure son niveau de risque. C'est un bon indicateur sur l'amplitude des variations que peut connaître la valeur d'un placement. Cette information est cependant à relativiser dans la mesure où le calcul de la volatilité est établie à partir des performances passées sur une période donnée. Or nous constatons que le jour d'un krach, que ce soit sur les actions, mais aussi sur les obligations ou l'immobilier, la volatilité augmente subitement, au-delà quelquefois des pertes maximum qui avaient pu être établies.

- C'est parce que les pouvoirs publics avaient beaucoup de difficultés à apprécier le niveau de risque de défaillance du système bancaire qu'il a été mis en place des « stress tests » à partir de 2009. Ces stress tests des banques ressemblent, dans le principe, au crash test d'une voiture : un choc est simulé et l'on mesure l'état de santé des passagers après l'accident. La différence essentielle provient de la définition du risque : pour un crash test automobile, les facteurs de risque sont bien maîtrisés : vitesse du véhicule, sa masse, la zone d'impact, la protection des passagers. Lorsqu'il s'agit de banques, les facteurs sont beaucoup plus confus : il s'agit d'organisations complexes, mêlant économie, politique, finances publiques, vie sociale.... D'ailleurs les stress tests de 2009 se sont rapidement révélés insuffisants au regard de la réalité de la situation financière, en particulier de celle des Etats. Il a fallu renouveler l'expérience en 2011 : de la même manière, les résultats ont été immédiatement contestés, les conditions simulées ayant été jugées en deçà d'un scénario noir potentiel.

L'anticipation du risque reste très aléatoire : pour s'en convaincre, il suffit de relire ou réécouter des prévisions de spécialistes d'il y a cinq ans ou six ans. Nous avons l'impression d'avoir changé de monde depuis !

En matière de mesure du risque, la formule qui semble la mieux adaptée est celle développée par la Banque JP MORGAN et qui consiste à répondre à la question : « quelle est la probabilité (x%) de perdre une valeur V maximum au cours des N prochains jours ? » Cette mesure a été baptisée la VaR (Value at Risk) ou « Valeur soumise au Risque ». La réponse à cette question est envisageable sur des durées courtes. Elle se complique avec le facteur temps où l'importance de l'imprévu s'accroît considérablement.

Par conséquent, nous devons admettre qu'il faut vivre avec le risque. Mais cela n'est pas propre à la gestion du patrimoine financier....

Au cours des dernières années, l'aversion au risque s'est fortement accrue ; voici des statistiques établies par la Banque de France :

Degré de risque	**composition**	**2000**	**2005**	**2009**	**2010**
Actifs de risque 1	dépôts, liquidités, placements monétaires, contrats d'assurance vie en euros	74,2	77,9	81,7	81,4
Actifs de risque 2	Obligations, OPCVM obligataires, garantis et à formule	7,1	6,3	5,5	5,4
Actifs de risque 3	OPCVM actions, diversifiés et alternatifs	10,9	9,1	7	6,8
Actifs de risque 4	Actions cotées	7,9	6,8	5,8	6,5

En 10 ans, de 2000 à 2010, les actifs moins risqués (niveaux 1 et 2) sont passés de 81% de l'épargne des ménages à 87%. Les actifs les plus risqués (niveaux 3 et 4) ont fondu de 19% à 13%.

Cette recherche de sécurité a provoqué des flux de capitaux importants au profit des obligations principalement via les contrats d'assurance vie en euros. Ce mouvement a permis le mouvement de baisse de rendement des obligations, celles-ci étant très demandées : quand beaucoup de monde se bouscule pour vous prêter de l'argent, vous pouvez vous permettre de baisser votre taux d'intérêt.

Les différents types de risque

En matière de placement ou d'investissement, voici quelques exemples :

- Le risque de perte en capital : c'est la baisse de la valeur nominale de votre placement (vous avez placé 100 et vous récupérez 80). Cette baisse traduit une moins value. C'est le risque le plus fréquent et le plus redouté. Les causes en sont multiples et renvoient à tout ce qui a été vu sur les différents marchés.

- Le risque de gestion discrétionnaire : vous confiez votre argent à un gérant (SICAV par exemple) ou vous gérez vous-même un portefeuille d'actions, d'obligations ou de valeurs immobilières. Vous ou votre gérant, vendez trop tôt, achetez trop tard.... Vous êtes à contresens des marchés ; vous amplifiez les baisses et ratez les hausses ! Vous n'avez peut-être pas perdu d'argent, mais faire 5% quand le marché a fait 40%, c'est rageant !

- Le risque de signature : il a été présenté dans le chapitre consacré aux obligations. Ce risque peut être élargi à toute classe d'actifs dans la mesure où toute dégradation de la santé d'une contrepartie que ce soit une banque, un émetteur sur le marché obligataire, un locataire,... aura des conséquences directes sur le niveau de risque de votre investissement.

- Le risque de change : il intervient dès que l'épargnant investit sur des valeurs cotées dans une autre monnaie que la sienne. Ce risque peut être « couvert » c'est-à-dire neutralisé afin d'éviter son impact sur la performance du placement.

- Le risque de taux : il a également été présenté dans le cadre de la cotation des obligations. Ce risque s'est révélé à la fin des années 70.

A côté de ces risques financiers, il convient de citer ici ceux liés plus directement à la nature humaine :

- Le risque de fraude : le plus célèbre est la fameuse « chaîne de Ponzi » laquelle consiste à payer les intérêts des clients précédents avec les versements des nouveaux clients. C'est l'exploitation du besoin de chacun d'obtenir le meilleur rendement, sans risque. Les vendeurs sans scrupules « garantissent » par exemple du 7% quand les rémunérations sur durée équivalente ne sont que de 3%. Cette fraude est le fait de professionnels, qui prennent des engagements plus ou moins formels auprès de leurs clients, et qui subissent des revers cuisants sur les marchés financiers. Trop fiers pour l'avouer à leurs clients, ils s'engagent progressivement dans cette mécanique infernale. L'affaire Madoff est la plus célèbre mais il y en a eu d'autres et il y en aura encore !

- Plus couramment, c'est le fait de conseillers qui privilégient leurs commissions ou la réalisation de leurs objectifs commerciaux, aux solutions les mieux adaptées à leurs clients. Le manque de connaissances financières qui se traduit par une confiance plus ou moins aveugle facilite grandement cette pratique. C'est essentiellement pour lutter contre ce risque que les autorités financières ont développé des procédures d'informations et de contrôles de la diffusion de celles-ci auprès du public.

38/ Les gardes fous mis en place par les autorités des marchés financiers

Il s'agit principalement de la directive européenne portant sur les Marchés d'Instruments Financiers de 2004 (directive d'application en 2006), appelé communément « directive MIF ».

Cette directive s'attache à protéger les investisseurs en fonction de leur niveau de connaissances. Des informations doivent être recueillies pour ensuite permettre de déterminer le profil de risque de chaque épargnant afin de définir une stratégie de placement adaptée à ses objectifs et à ses contraintes.

La directive d'application rassemble au sein des « objectifs d'investissement » trois notions bien distinctes :

- la **durée de l'investissement**,
- le **but de l'investissement**,
- les **préférences du répondant en matière de risques**.

Répondre à ces questions avant toute décision est une meilleure protection de l'épargnant et du conseiller.

Concrètement, les titulaires de compte de titres et de PEA sont préalablement répartis entre clients professionnels et non professionnels, les banques et intermédiaires financiers ayant alors un devoir d'informations et d'alertes beaucoup plus poussé auprès des non professionnels.

Les particuliers sont invités à répondre à un ensemble de questions sur leurs revenus, leur patrimoine et leur connaissance des marchés financiers. Selon les réponses apportées, les accès à des formules plus ou moins complexes sont alors ouverts ou fermés. Le refus de répondre est possible.

Ces questionnaires ont l'avantage de susciter la discussion entre le conseiller et son client. Ils restent néanmoins d'une portée limitée :

- Ces questionnaires sont trop souvent vécus comme une protection juridique de l'établissement placeur : le conseiller l'utilise alors a minima afin de « couvrir » la vente de son produit mais non comme outil de découverte et de discussion autour d'une stratégie d'investissement.

- La notion de risque reste vague : il serait certainement plus concret d'évaluer la tolérance aux pertes (VàR). Mais il est vrai que cette donnée, plus parlante, serait aussi plus compliquée à gérer : que fait-on lorsque le montant de la perte maximum est atteint ?

- L'appétence au risque est très variable avec la conjoncture : les questionnaires remplis en période de déprime boursière devraient faire l'objet d'une nouvelle approche en période plus favorable.

L'une des préoccupations de l'AMF (www.amf-france.org) est de limiter « le risque lié à une commercialisation de produits de plus en plus complexes et dont les ressorts ne sont en fait maitrisés ni par l'acheteur, ni par les vendeurs. Les structures et les empilements de frais, opaques pour les investisseurs ne les aident pas à faire de bons arbitrages et peuvent biaiser le conseil fourni. »

Parmi les dispositions prises par l'AMF afin de protéger les épargnants notons la création de la Direction des Relations avec les Epargnants, opérationnelle depuis Juin 2010. Cette Direction propose, entre autres, des services de médiation en cas de conflit entre un épargnant et un distributeur de produits financiers.

Pour terminer, retenons ce principe : il est logique de déplacer son argent vers un produit d'investissement que l'on comprend. C'est ce que Warren Buffet (homme d'affaire américain et philanthrope, né en 1930, très écouté dans les milieux financiers) appelle ***"rester à l'intérieur de son cercle de compétence"***.

L'ENVIRONNEMENT ECONOMIQUE

39/ Rouages économiques élémentaires

L'environnement économique est une mosaïque de données en perpétuel mouvement. Les interactions sont nombreuses et permanentes.

Au centre de cette mouvance : **la croissance**. Il ne s'agit pas d'une position politique, mais le constat d'un système construit aujourd'hui autour de ce moteur.

La croissance se traduit par la variation du Produit Intérieur Brut (PIB) ce qui correspond à la production de richesses.

Lorsque la variation du PIB est positive, nous sommes alors en période de croissance. Le taux de croissance mesure le dynamisme de l'économie. Les pays émergents ont des taux de croissance qui atteignent voire dépassent les 10% par an. Ces niveaux font craindre une surchauffe, génératrice d'inflation. Les gouvernements veilleront alors à modérer un tel rythme de croissance.

Les économies plus matures, comme les Etats Unis ou l'Europe ont des taux de croissance qui se situent depuis plusieurs années à moins de 5%. Un taux de croissance trop faible, moins de 2%, reste insuffisant pour réduire le chômage.

Lorsque cette variation est négative sur plusieurs trimestres, on parle alors de récession. Lorsque l'activité chute durablement et d'une manière importante, on parle alors de dépression économique.

Ce qui tire la croissance est basé sur **la consommation** ; il s'agit en priorité :

- De celle des ménages,
- De l'investissement des entreprises,
- De l'exportation : les produits pour lesquels le savoir-faire national est reconnu à l'étranger ; productions agricoles, industrielles à des prix

compétitifs : sur ce point l'effet de change entre monnaie du pays exportateur et celle du pays importateur est déterminant. Une monnaie « forte » constitue un frein à l'exportation.

- Des dépenses publiques engagées par l'Etat ou les collectivités locales.

Les dépenses engagées par ces acteurs - ménages, entreprises, pays étrangers, secteur public - vont permettre aux entreprises nationales d'engranger du chiffre d'affaire, de créer du travail, et de dégager des bénéfices, source d'impôts et de recettes pour l'Etat.

Cette situation est économiquement vertueuse :

- Par la création d'emplois, elle réduit les indemnités de chômage, soulage les dépenses publiques et contribue au moral de la population,

- Par la distribution de salaires, elle crée de la confiance ce qui encourage la consommation,

- Par les bénéfices, elle permet aux entreprises de renouveler leur parc de matériel pour de meilleures performances, et d'accroître leurs dépenses de recherche et développement pour une meilleure compétitivité à terme et, idéalement, un meilleur bien être de la population.

- Par la collecte d'impôt, l'Etat va apporter des moyens performants à l'éducation nationale, mais aussi à la défense, à l'aménagement du territoire, aux transports, afin d'assurer la pérennité de cette croissance.

Dans ce contexte porteur, l'épargnant n'a pas trop de questions à se poser ; les actions et l'immobilier se portent bien ; pour le court terme, pas de souci, les banques sont en bonne santé !

Malheureusement, cette belle mécanique a pris du plomb dans l'aile depuis quelques années : une spirale d'endettement a été créée à des fins de prise (ou simplement conservation) de parts de marché dans une compétition mondialisée, et d'accroissement forcené de la consommation. Cette situation artificielle a engendré des résultats à l'inverse de ceux escomptés : le poids de la dette des pays est devenu si important qu'une bonne part des recettes fiscales est maintenant engloutie dans le paiement des intérêts de cette fameuse dette (3).

Sur le front des exportations, ce n'est pas mieux : cette situation étant commune à tous les pays industrialisés, à des degrés plus ou moins importants, elle a comme corolaire une réduction des échanges internationaux (phénomène déjà constaté en 2009), et des tentations protectionnistes, exploitées par certains courants politiques.

Par conséquent, les entrepreneurs ont le moral en baisse ; de ce fait, ils préfèreront différer leurs investissements plutôt que de se faire piéger avec du matériel neuf, sous utilisé.

Enfin les consommateurs : s'ils sentent que le chômage frappe à leur porte, ils constitueront des réserves plutôt que de courir les magasins pour acheter des produits dont finalement ils apprennent à se passer.

C'est pourquoi les gouvernements sont si embarrassés : la réduction des déficits publiques, montrés du doigt par les agences de notation –rappelons que la dégradation de la note d'un pays entraîne de surcroît l'augmentation du coût de ses intérêts – nécessiterait une hausse des rentrées fiscales. Or, pour cela, il faudrait que la consommation et par conséquent la croissance, repartent ce qui ne peut se faire sans un solide climat de confiance.... A moins de réduire les déficits par la baisse des dépenses publiques –moins de commandes aux entreprises, moins de dépenses de salaire des fonctionnaires – mais cela ne ferait qu'aggraver la situation !

Alors quelle stratégie d'épargne dans ce paysage complexe ?

La réponse à cette question fondamentale nécessite de faire des paris sur l'avenir. Voici deux scénarios l'un rose, l'autre noir, correspondant globalement aux deux tendances lourdes des anticipations économiques actuelles. Comme nous l'avons souligné, la réalisation de l'un ou de l'autre sera déterminée par le mental collectif : si la confiance est là, alors la solidarité sera plus facile et les efforts demandés seront mieux acceptés. Par contre, si c'est la défiance et le « chacun pour soi » qui l'emporte, alors l'issue de la crise sera beaucoup plus compliquée et plus longue.

- 1ère option : Cette situation est temporaire ; la solidarité des pays les plus solides en faveur des plus faibles, relayée par des mesures énergiques des gouvernants, dégagent des solutions qui permettent un redémarrage suffisamment solide de la croissance, vers les 5%. La confiance revient et les taux d'emprunt baissent sensiblement. La gestion des dettes ne pose plus de problème. Le marché des actions mis sous pression en 2011 connaît alors un rebond puissant, comme un ressort qui aurait été comprimé. Le marché immobilier connaît une période de réajustement (plutôt salutaire), les investisseurs se tournant de nouveau vers les actions. L'euro se renforce comme monnaie internationale ; la rémunération des contrats d'assurance vie apporte de nouveau satisfaction en comparaison à l'inflation. Le système bancaire respire après des craintes injustifiées ; les taux interbancaires restent (ou reviennent) à des niveaux très bas. Le prix de l'or redescend de ses sommets ; le prix du pétrole et des matières premières retrouve le chemin de la hausse, témoins du redémarrage de l'activité ; les banques centrales peuvent enfin relever leur taux d'intérêt et reconstituer ainsi une nouvelle marge de manœuvre (2) ce qui leur permet de remettre la planche à billet au placard.

- 2ème option : cette situation ne trouve de solutions qu'à l'issue d'une profonde crise financière : après des tentatives infructueuses d'aides internationales, certains pays jettent l'éponge et sont en défaut de paiement ; les tensions sociales sont violentes, les populations rejettent les mesures de rigueur, baisse des salaires, hausse des impôts ; les tensions entre classes sociales, riches contre pauvres, privé contre public, Europe du Nord contre celle du Sud, sont exacerbées ; des banques sont mises en difficultés et la méfiance des déposants, apparue en 2008, réapparaît, à l'encontre des banques mais aussi des compagnies d'assurance ; les pays se détachent progressivement de la monnaie unique, ce qui provoque immédiatement dévaluation et flambée des taux d'intérêt autour des nouvelles-anciennes monnaies. Les taux interbancaires battent tous les records ; l'inflation prend son envol et échappe au contrôle des Banques Centrales. La gestion de l'épargne est extrêmement compliquée et c'est la loi du « sauve qui peut » qui l'emporte.

Ce clivage entre versions optimiste et pessimiste est évidemment simpliste. Nous l'utiliserons à titre pédagogique, pour la méthodologie et les exemples de stratégies (41 à 46).

Où sera la réalité ? La prévision dans ce domaine s'avère délicate. Des économistes sont régulièrement sollicités par la presse afin de se livrer à cet exercice. Beaucoup se trompent et l'on oublie vite leurs propos. Certains voient justes mais on ne le découvre qu'après coup !

Ce qui paraît certain, c'est que les turbulences financières vont se poursuivre : la reconsolidation de la situation économique européenne prendra du temps. Les objectifs de réduction des déficits annoncés par les gouvernements portent sur plusieurs années. Le chemin sera long. Dans ce contexte, il est préférable d'avoir une stratégie d'épargne raisonnée et diversifiée. La réaction à chaud, au cœur de l'événement, dans la précipitation, est rarement judicieuse.

ELABORATION D'UNE ALLOCATION D'ACTIFS

(AUTREMENT DIT :
QUELLE REPARTITION DE VOTRE EPARGNE ?)

40/ Proposition de méthodologie

Avec les 39 fiches précédentes, nous avons vu les outils à disposition de l'épargnant, ainsi que les mécanismes économiques qui vont transformer ces outils en caverne d'Ali Baba ou en boîtes de Pandore.

Voici quelques suggestions afin que chacun définisse les principaux axes de sa propre stratégie d'épargne, en complément ou en préparation à une allocation d'actifs proposée par un conseiller financier.

1/ Quels sont vos disponibilités ?

Tout d'abord, chiffrez votre épargne de précaution : c'est le montant que vous devez laisser disponible pour faire face à tout imprévu. Ce peut être aussi le montant de trésorerie qui vous rassure, en dehors de tout besoin potentiel.

L'épargne de précaution étant définie et isolée, le reste constitue l'épargne mobilisable à plus long terme.

Ensuite, chiffrez votre capacité d'épargne : ce sont les rentrées moins les dépenses. Si le solde est positif, vous aurez à vous interroger sur la meilleure stratégie pour gérer cet excédent et vous constituer un capital à terme. Si le solde est négatif (vous dépensez plus que vous ne gagnez), alors vous êtes plein d'empathie pour nos gouvernants, ayant le même problème à résoudre : comment augmenter vos rentrées,… sinon, comment réduire vos dépenses ?

A l'issue de cette première étape, vous disposez de 3 chiffres :

- Votre épargne de précaution,
- Votre épargne mobilisable à plus long terme,
- Votre capacité d'épargne mensuelle.

2/ Quels sont vos objectifs ?

Ils sont couramment liés à l'âge :

- Entre 25 et 40 ans, l'acquisition de la résidence principale reste la priorité,
- Entre 40 et 60 ans, vous songez à préparer votre retraite,
- Entre 60 et 80 ans, vous souhaitez profiter de votre temps libre, pour vous et votre famille,
- Ensuite, vous recherchez la tranquillité et à transmettre vos biens à vos héritiers, dans les meilleures conditions.

Mais dès que l'on entre dans le détail, les objectifs de chacun peuvent être très différents, car liés à une personnalité, un environnement professionnel, une éthique de vie, un tempérament fonceur ou prudent, voyageur ou sédentaire, passionné (culture, entreprise, immobilier, arts) ou non, individualiste ou plutôt famille, jouisseur ou prévoyant, ...

L'adéquation de la stratégie patrimoniale à la personnalité de chacun est au centre des préoccupations du vrai conseil financier. C'est la qualité d'écoute et la capacité à traduire les attentes exprimées en une offre réellement personnalisée, qui fera la différence entre un « conseiller » et un « distributeur de produits ». L'univers du placement et de l'investissement offre une diversité suffisante pour satisfaire les attentes de chacun.

3/ Quelle est votre appréciation du contexte économique ?

Nous avons défini les montants en jeu et les objectifs poursuivis. C'est le plus simple.

Là où les choses se compliquent, c'est quand il faut anticiper l'évolution de la conjoncture économique et ses conséquences sur les différents actifs financiers et immobiliers.

Car c'est bien ici que va se jouer la réussite ou non de l'investissement.

Est-ce que vous êtes plutôt option 1 (optimiste) ou option 2 (pessimiste) selon les scénarios proposés au chapitre précédent ?

Cette orientation va définir le niveau et le sens du risque engagé.

A ce stade, conseiller et client doivent partager les mêmes orientations qu'il convient de mettre par écrit. Les situations d'insatisfaction (incompréhension ?) voire de conflit, proviennent autant de pertes en capital inattendues (je vous avais dit que je voulais bien prendre un peu de risque, mais sans perdre d'argent), que de performances insuffisantes (vous rémunérez mon argent à 2% alors que les placements x et y font du 10% ! pourquoi ne m'avez-vous pas conseillé ces placements ?)

Les options prises à ce stade devront être régulièrement révisées : l'évolution de l'environnement économique validera ou invalidera les anticipations. Des ajustements seront alors nécessaires.

4/ En conséquence, vers quelles classes d'actifs s'orienter ?

Actifs :	Scénario 1 (optimiste)	Scénario 2 (pessimiste)
Monétaire	Uniquement pour la part « précaution »	Idéal pour rester liquide et réactif ; des tensions interbancaires pourraient faire monter les taux
Obligataire	A travers le fonds général du contrat d'assurance vie	Privilégier les fonds obligataires où les titres ont des durées de vie courtes
Actions	Fort potentiel de rebond général	Etre prudent et sélectif : valeurs défensives et de rendement en priorité
Immobilier	Achats à long terme	Achats sur opportunité avec emprunt à taux fixe

5/ Choix des supports et de leurs enveloppes

Les actifs ayant été déterminés, ainsi que les montants, il reste à définir l'enveloppe de placement la mieux adaptée, c'est-à-dire offrant le meilleur traitement fiscal et les frais les moins lourds. Ces supports ont été présentés tout au long de cet ouvrage. De nombreux comparatifs sont proposés sur internet ou dans la presse spécialisée. A partir du moment où l'on sait où l'on va, la recherche est plus rapide et efficace.

SYNTHESE :
TROIS EXEMPLES DE STRATEGIES

41/ Obtenir des revenus complémentaires à partir d'un capital

C'est la demande des personnes qui ont vendu un bien professionnel (commerce, cabinet, parts de société,...) ou qui ont reçu un capital exceptionnel (gain au jeu, héritage) et souhaitent compléter leur pension de retraite, vivre de leurs rentes,....

Question préalable : ce revenu doit-il être régulier, à vie, et réévalué chaque année afin de compenser l'érosion du pouvoir d'achat, ou s'agit-il d'un revenu « de confort », lequel pourrait connaître de bonnes et mauvaises années ?

Si vous êtes dans le premier cas (revenu régulier et indexé), vous devez vous interroger sur le viager : cette formule vous apportera toute sérénité sur vos revenus. La contrepartie vous la connaissez : c'est l'aliénation du capital. Dans une période de resserrement des avantages sociaux, de déficit des régimes de retraites, et d'incertitudes sur l'épargne, cette source de revenus a sa place. A noter que si vous possédez un PEA de plus de 8 ans, vous pouvez le transférer à une compagnie d'assurance avec laquelle vous signez un contrat de rente viagère immédiate. Les versements de la rente seront alors exonérés d'impôt sur le revenu.

Si vous êtes dans le premier cas mais que vous ne voulez pas entendre parler de viager, vous serez contraint de faire des choix d'actifs qui serviront des revenus réguliers et indexés. Vous devrez alors accepter le risque lié à cet actif :

- l'immobilier semble le mieux placé : les SCPI, en particulier, vous permettront une saine diversification des biens loués, ce qui réduira le risque locatif lié à seulement un ou deux locataires. Par contre, ces loyers seront soumis à l'impôt. L'incidence fiscale dépendra de l'ensemble de vos revenus.

- Les rachats réguliers sur un contrat d'assurance vie présentent l'avantage d'une fiscalité moins lourde. Par contre, si vous choisissez le fonds en euro par sécurité, vous devrez veiller à laisser croître le capital à minima au rythme de l'inflation. Les revenus risquent alors d'être très faibles.

Si vous êtes dans le deuxième cas (revenus de confort), alors les solutions sont beaucoup plus ouvertes. En voici quelques unes :

- portefeuilles d'obligations (SICAV ou titres vifs) à taux fixe ou indexé (10,11 et 12)

- revenus fonciers à partir d'immobilier en direct ou en part (SCI ou SCPI), loué nu ou meublé

- rachats partiels sur des contrats d'assurance vie au gré des besoins

- dividendes d'un portefeuille d'actions (SICAV de distribution ou titres vifs) dans le cadre d'un compte titre (et non dans un PEA) afin de bénéficier de la distribution et des conditions fiscales avantageuses dans le plafond réglementaire. Les titres de « père de famille » seront privilégiés, afin de réduire la volatilité du portefeuille.

- revenus de comptes à terme dans la mesure où les conditions du marché monétaire deviennent intéressantes du fait de tensions sur le marché interbancaire.

42/ Faire croître un capital

Il n'est plus question de revenus, mais de plus values : à partir d'un capital (vente d'un bien, économies, gain,...) l'objectif est de le faire croître, au moins pour le préserver de l'érosion monétaire, et si possible un peu plus vite.

Comme nous l'avons vu, le potentiel de plus value est directement lié au niveau de risque accepté.

Or, prendre des risques élevés suppose :

- d'avoir du temps devant soi,
- de détenir par ailleurs des avoirs suffisants en cas de coups durs,
- d'accepter la volatilité du placement.

Tout le monde n'étant pas à la même enseigne dans ces domaines, nous allons présenter trois stratégies de croissance :

- **Prudent** : « je préfère gagner peu mais régulier, avec le minimum de risque en capital » Cette demande privilégie les actifs peu volatils, essentiellement monétaire, obligataire et immobilier :
  - Le fonds général d'un contrat d'assurance vie aura bien entendu la faveur : pour les adeptes du scénario économique pessimiste, il conviendra d'être attentif à la composition du fonds général sur lequel sera adossée la rémunération du contrat : Quelle proportion d'immobilier ? Quelle exposition aux dettes des pays en difficulté ? Bien entendu, il conviendra d'être attentif également aux frais. Pour des capitaux importants, la répartition auprès de plusieurs compagnies constitue une bonne précaution.
  - Les livrets A, dont la rémunération est partiellement indexée sur l'inflation, constitueront une poche de liquidité toujours utile si des opportunités venaient à se présenter.

- Une gestion obligataire (SICAV flexible par exemple) est également à étudier dans le contexte actuel de mouvance financière.

- **Audacieux raisonné** : « j'accepte un niveau de risque modéré, à condition de savoir où je mets les pieds » Une telle demande va nécessiter pédagogie, créativité et réactivité : ici, le terrain des actions est incontournable : il constituera même le pilier de la stratégie. Mais comment répondre à cette demande de « risque modéré » ?

  - Une première solution consiste à définir une part action de 20, 30 ou 40% et de sécuriser les 60, 70 ou 80% restants pour que, à un terme donné, le capital initial soit globalement reconstitué. Notez que cela revient à construire globalement un produit « à formule » ou produit garanti (24) pour soi-même, les frais en moins… La part « sécurité » reprendra les caractéristiques du « prudent ». La part en actions sera logée dans un PEA pour les achats de valeurs européennes et sur un compte titre ordinaire pour les valeurs étrangères. La composition du portefeuille devra faire l'objet d'une construction opportuniste et progressive. Elle associera titres vifs et SICAV spécialisées pour un niveau de risque maîtrisé.

  - Une deuxième solution consiste à jouer la diversification actions / immobilier : le volet actions reprendra les caractéristiques précédentes. Le volet immobilier privilégiera les investissements en recherche de plus value (centres urbains). Les loyers pourront être réduits par un prêt « in fine » (31) à définir subtilement.

- **Audacieux** : « je dispose d'un patrimoine important et je souhaite consacrer une somme à une gestion dynamique et ambitieuse ». Nous sommes clairement ici sur le terrain des actions, mais pas seulement :

  - Une gestion action pure utilisera les stratégies propres à cette classe d'actifs : constitution d'un portefeuille « titres vifs » dans le cadre d'un PEA avec réinvestissement systématique des dividendes. Ecrêtage des plus values et moyenne à la baisse sur des niveaux prédéfinis par l'ambiance du marché afin de lisser les performances. Constitution d'un portefeuille d'OPCVM sur les secteurs ou zones géographiques à potentiel (matières premières, nouveaux pays émergents,…). En dehors des actions, s'intéresser aux obligations à haut rendement.

- La gestion pourra être aussi un mix entre actions (idem ci-dessus) et investissement en immobilier à fort potentiel, en France métropolitaine ou outre-mer, en direct ou via une SCI selon les capitaux disponibles, la capacité d'emprunt et les objectifs poursuivis. Le montage de l'opération ainsi que les options fiscales seront déterminés par la situation patrimoniale globale du ou des investisseurs, les règles fiscales en vigueur et les conditions de financement accessibles. Cette partie immobilière ne consommera pas ou peu de liquidités du fait de son financement par l'emprunt. Par contre, elle provoquera un effet de levier intéressant, tout en jouant sur une classe d'actifs complémentaire aux actions.

43/ Se créer un patrimoine à partir d'une épargne régulière

Vous êtes âgé entre 25 et 60 ans, vous avez un minimum d'esprit fourmi, et vous avez compris que la retraite des vieux sera aussi mince que la taille d'une fleur de banlieue (Pierre PERRET).

Déjà, pouvoir mettre de coté un peu tous les mois, c'est bien.

La première des dispositions à prendre, nous en avons parlé, c'est l'acquisition de votre résidence principale (30). Ne plus avoir à payer de loyer pendant la retraite et ainsi ne plus être soumis aux aléas de ses hausses, ni au bon vouloir d'un propriétaire, c'est mieux.

Ensuite, la stratégie de constitution d'un patrimoine sera dépendante de votre profession, de votre âge - la notion de long terme est différente à 40 ou 55 ans- et des moyens dont vous disposez.

1/ Qui dit revenus, dit impôts et, par conséquent, placements pour réduire la facture fiscale :

Si vous êtes salarié, artisan, commerçant, profession libérale… vous avez la possibilité d'effectuer des versements à des régimes de retraite par capitalisation, du type PREFON pour les fonctionnaires, loi Madelin pour les indépendants, PERP pour les salariés (13)…..

Le point commun à ces systèmes est la déductibilité des cotisations du revenu imposable (dans certaines limites). La contrepartie est la perception d'une rente à la sortie (et non pas d'un capital).

S'il existe encore quelques « niches fiscales » à l'heure où vous lisez ces lignes – probablement FIP, FCPI (22) - cela vaut le coup de s'y intéresser.

Les FCPI et FIP constituent une solution valable pour se constituer progressivement un portefeuille de titres non cotés, en complément à des investissements actions ou immobilier.

2/ L'immobilier locatif : l'achat d'un logement destiné à la location ne manque pas d'intérêt ; dans le même esprit, les SCPI (34) permettent des investissements plus modestes. Dans les deux cas, il sera judicieux d'utiliser l'effet de levier du crédit.

3/Les actions : se constituer un portefeuille de valeurs mobilières dans le cadre d'un PEA, titres vifs ou SICAV, est une stratégie de diversification parfaitement adaptée à des versements réguliers. La participation à un club d'investissement vous apportera en plus pédagogie et convivialité.

4/Les obligations : des périodes de tensions sur le marché obligataire constituent des opportunités pour doper la rémunération d'une épargne régulière. Dans ce cas, il est plus prudent de rester sur des durées de vie (duration) courtes (8). Il conviendra alors de passer par un compte de titres ordinaire et de privilégier les SICAV de capitalisation (qui ne distribuent pas de coupons).

5/ Les fonds en euros de contrats d'assurance vie : à partir de 50 – 55 ans, si votre horizon de placement se réduit à moins de 10 ans, alors cette solution (13) présente un intérêt pour la régularité de ses performances et ses garanties.

Conclusion

La période actuelle, marquée par des turbulences financières inédites depuis l'après guerre, justifie de redoubler d'attention en matière d'épargne.

Ce nouveau comportement pourrait se résumer ainsi :

Vigilance : en ces temps de crise, les informations sont nombreuses et présentées différemment selon l'émetteur et ses propres objectifs. Il est certain que nos dirigeants ont tout intérêt à maintenir un niveau élevé de confiance, celle-ci étant le moteur du redémarrage de la croissance. Des opposants politiques, des vendeurs de valeurs refuge noircissent volontairement le paysage et jouent la déstabilisation. Une écoute critique de l'information est indispensable pour tenter de mieux comprendre la situation.

Mobilité : nous l'avons vu au cours de ces dernières années et de ces derniers mois, les choses évoluent très vite. Début Juillet 2011, nous entendions le patron d'une grande banque française dire qu'il partait en vacances « plutôt serein » (le lobby optimiste). Deux mois plus tard, la valeur boursière de son établissement avait perdu plus de 40% (ainsi que celles des autres banques d'ailleurs) ! En matière d'épargne financière, les solutions figées avec engagement contractuel sur plusieurs années et indisponibilité des capitaux sur la période sont à éviter. Dans une période où les repères changent rapidement, il est essentiel de conserver une bonne capacité d'adaptation.

Réactivité : les situations de crise se caractérisent par des périodes d'affolement et de précipitation, sources d'excès en tout genre. Ceci est particulièrement vrai sur les marchés financiers, obligataire et actions, du fait de la cotation continue qui concrétise immédiatement ces excès. C'est souvent l'occasion de profiter de soldes exceptionnels. Il convient cependant de rester mesuré dans ses achats, la difficulté de ce genre d'exercice étant de savoir à quel moment on a touché le fond. Mais il est forcément atteint un jour, et ceux qui ont su se positionner ce jour là font des envieux pour des décennies...

Ouverture : en matière d'épargne financière, la période 1980 – 2010 a été marquée par un comportement quasi monolithique autour des contrats d'assurance vie et de leur fameux fonds général (ou fonds en euros). Nous avons vu pourquoi (8 et 13). Aujourd'hui, cette « facilité » est remise en question. Les différentes classes d'actifs que nous avons parcourues dans cet ouvrage pourraient connaître des évolutions contrastées selon le scénario économique qui se mettra en place. Aujourd'hui, personne ne peut dire qui seront les gagnants, qui seront les perdants. La meilleure des précautions est de jouer la diversification. Cette approche est certes plus compliquée et demande plus de recherches que de verser systématiquement ses excédents de trésorerie sur un support universel, mais elle est nécessaire.

En ces temps de restriction budgétaire, de réduction des couvertures sociales et des retraites, l'épargne est précieuse. Une bonne gestion commence par mieux connaître les mécanismes financiers et économiques qui déterminent l'avenir de nos placements.

Nous espérons que cet ouvrage aura contribué à élargir vos connaissances dans ce domaine.

Que les vents vous soient favorables !

Si vous avez des remarques ou questions sur cet ouvrage, ou pour poursuivre cette démarche de réflexion sur l'épargne, rendez-vous sur le site des Ateliers de l'Epargne :

www.lesateliersdelepargne.fr

Avertissement important

Tout investissement comporte un risque de perdre tout ou partie du montant investi. Les chiffres mentionnés dans cet ouvrage font référence au passé ou sont des prévisions. Les prévisions et les performances passées ne constituent pas des indicateurs fiables de résultats futurs.

Les informations contenues dans ce document sont, par nature, génériques. Elles ne tiennent pas compte des situations personnelles et ne constituent en aucune façon des recommandations personnalisées en vue de la réalisation de transactions.

En conséquence, tout projet d'investissement devra être préalablement soumis à un conseiller financier pour vérifier que cette information est adaptée à la situation et aux objectifs de la personne. La responsabilité de l'auteur de cet ouvrage ne pourra en aucun cas être engagée en cas d'investissement inopportun.

Table des matières

L'HARMATTAN, ITALIA
Via Degli Artisti 15; 10124 Torino

L'HARMATTAN HONGRIE
Könyvesbolt ; Kossuth L. u. 14-16
1053 Budapest

L'HARMATTAN BURKINA FASO
Avenue Mohamar Kadhafi (Ouaga 2000) – à 200 m du pont échangeur
12 BP 226 OUAGADOUGOU
(00226) 50 37 54 36
harmattanburkina@yahoo.fr

ESPACE L'HARMATTAN KINSHASA
Faculté des Sciences sociales,
politiques et administratives
BP243, KIN XI
Université de Kinshasa

L'HARMATTAN CONGO
67, av. E. P. Lumumba
Bât. – Congo Pharmacie (Bib. Nat.)
BP2874 Brazzaville
harmattan.congo@yahoo.fr

L'HARMATTAN GUINÉE
Almamya Rue KA 028, en face du restaurant Le Cèdre
OKB agency BP 3470 Conakry
(00224) 60 20 85 08
harmattanguinee@yahoo.fr

L'HARMATTAN CÔTE D'IVOIRE
M. Etien N'dah Ahmon
Résidence Karl / cité des arts
Abidjan-Cocody 03 BP 1588 Abidjan 03
(00225) 05 77 87 31

L'HARMATTAN MAURITANIE
Espace El Kettab du livre francophone
N° 472 avenue du Palais des Congrès
BP 316 Nouakchott
(00222) 63 25 980

L'HARMATTAN CAMEROUN
BP 11486
Face à la SNI, immeuble Don Bosco
Yaoundé
(00237) 99 76 61 66
harmattancam@yahoo.fr

L'HARMATTAN SÉNÉGAL
« Villa Rose », rue de Diourbel X G, Point E
BP 45034 Dakar FANN
(00221) 33 825 98 58 / 77 242 25 08
senharmattan@gmail.com

40034 - mars 2012
Achevé d'imprimer par
1livre.com
du rêve à la réalité !

Made in United States
Orlando, FL
04 November 2026

90200949R00090